Terapia Cognitivo Comportamentale

Ritrova energia e motivazione adottando semplici tecniche contro ansia, stress e depression

Gianluca Zafferana

Disclaimer:

Si prega di notare che il contenuto di questo libro è esclusiva-mente per scopi educativi e di intrattenimento. Ogni misura è stata presa per fornire informazioni accurate, aggiornate e completamente affidabili. Non sono espresse o implicate garanzie di alcun tipo. I lettori riconoscono che il parere dell'autore non è da sostituirsi a quello legale, finanziario, medico o professionale.

Sommario

Introduzione

Cos'è la terapia cognitivo comportamentale?

La terapia cognitivo comportamentale (CBT) è un tipo di trattamento psicoterapeutico che aiuta le persone a imparare come identificare e modificare modelli di pensiero distruttivi o disturbanti che hanno un'influenza negativa sul comportamento e sulle emozioni.

La terapia cognitivo comportamentale si concentra sul cambiamento dei pensieri negativi automatici che possono contribuire e peggiorare le difficoltà emotive, *la depressione e l'ansia*. Questi pensieri negativi spontanei hanno un'influenza dannosa sull'umore.

Attraverso la CBT, questi pensieri vengono identificati, sfidati e sostituiti con pensieri più oggettivi e realistici.

La CBT è qualcosa di più che identificare schemi di pensiero; si concentra sull'utilizzo di un'ampia gamma di strategie per aiutare le persone a superare questi pensieri. Tali strategie possono includere journaling, giochi di ruolo, tecniche di rilassamento e distrazioni mentali

Tipi di terapia cognitivo comportamentale

La CBT comprende una serie di tecniche e approcci che affrontano pensieri, emozioni e comportamenti. Questi possono variare da psicoterapie strutturate a materiali di auto-aiuto. Esistono diversi tipi specifici di approcci terapeutici che coinvolgono la CBT:

La terapia cognitiva si concentra sull'identificazione e la modifica di modelli di pensiero, risposte emotive e comportamenti imprecisi o distorti

La terapia comportamentale dialettica (DBT) affronta pensieri e comportamenti incorporando strategie come la regolazione emotiva e la consapevolezza.

La terapia multimodale suggerisce che i problemi psicologici devono essere trattati affrontando sette modalità diverse ma interconnesse, che sono comportamento, affetto, sensazione, immaginazione, cognizione, fattori interpersonali e considerazioni farmacologiche / biologiche.

La terapia comportamentale emotiva razionale (REBT) implica l'identificazione di convinzioni irrazionali, la sfida attiva di queste convinzioni e infine l'apprendimento a riconoscere e modificare questi modelli di pensiero.

Sebbene ogni tipo di terapia cognitivo comportamentale adotti un approccio diverso, tutti lavorano per affrontare i modelli di pensiero sottostanti che contribuiscono al disagio psicologico.

La terapia cognitivo-comportamentale può essere utilizzata efficacemente come trattamento a breve termine incentrato sull'aiutare le persone con un problema molto specifico e insegnare loro a concentrarsi sui pensieri e le convinzioni presenti.

La CBT viene utilizzata per trattare un'ampia gamma di condizioni, tra cui:

- Dipendenze
- Problemi di rabbia
- Ansia
- Disordine bipolare
- Depressione
- Problemi alimentari
- Attacco di panico
- Disturbi della personalità
- Fobie
- Problemi con lo stress

La terapia cognitivo comportamentale è altamente orientata agli obiettivi e focalizzata, con il terapeuta che assume un ruolo molto attivo. Le persone lavorano con il loro terapeuta verso obiettivi stabiliti reciprocamente. Il processo è spiegato in dettaglio e alle persone vengono spesso dati i compiti da completare tra le sessioni.

Impatto

Il concetto alla base della CBT è che pensieri e sentimenti giocano un ruolo fondamentale nel comportamento. Ad esempio, una persona che trascorre molto tempo a pensare a incidenti aerei, incidenti in pista e altri disastri aerei può evitare di conseguenza il viaggio aereo.

L'obiettivo della terapia cognitivo-comportamentale è insegnare alle persone che, sebbene non possano controllare ogni aspetto del mondo che li circonda, possono assumere il controllo di come interpretano e affrontano le cose nel loro ambiente.

La CBT può essere un'efficace opzione di trattamento a breve termine.

- Può aiutare le persone con determinati tipi di disagio emotivo che non richiedono farmaci psicotropi.
- È supportato empiricamente e ha dimostrato di aiutare efficacemente i pazienti a superare un'ampia varietà di comportamenti disadattivi
- Spesso è più conveniente rispetto ad altri tipi di terapia.
- Uno dei maggiori vantaggi della terapia cognitivo comportamentale è che aiuta i clienti a sviluppare capacità di coping che possono essere utili sia ora che in futuro.

Strategie CBT

Le persone spesso sperimentano pensieri o sentimenti che rafforzano o compongono credenze errate. Tali convinzioni possono provocare comportamenti problematici che possono influenzare numerose aree della vita, tra cui la famiglia, le relazioni sentimentali, il lavoro e gli accademici.

- Identifica i pensieri negativi

È importante imparare come pensieri, sentimenti e situazioni possono contribuire a comportamenti disadattivi. Il processo può essere difficile, specialmente per le persone che lottano con l'introspezione, ma alla fine può portare alla scoperta di sé e intuizioni che sono una parte essenziale di il processo di trattamento.

- Pratica nuove abilità

È importante iniziare a praticare nuove abilità che possono essere utilizzate in situazioni del mondo reale. Ad esempio, una persona con un disturbo da uso di sostanze potrebbe iniziare a praticare nuove capacità di coping e provare modi per evitare o affrontare situazioni sociali che potrebbero potenzialmente innescare una ricaduta.

- Obiettivi stabiliti

La definizione degli obiettivi può essere un passo importante nel recupero dalla malattia mentale e nell'aiutarti ad apportare modifiche per migliorare la tua salute e la tua vita. Durante la CBT, un terapista può aiutarti con le capacità di definizione degli obiettivi insegnandoti come identificare il tuo obiettivo, distinguere tra obiettivi a breve e lungo termine, impostare obiettivi SMART (specifici, misurabili, raggiungibili, pertinenti, basati sul tempo) e concentrarti sul processo tanto quanto sul risultato finale.

- Risolvi i problemi

L'apprendimento delle capacità di problem solving può aiutarti a identificare e risolvere i problemi che derivano da fattori di stress della vita, grandi e piccoli, e ridurre l'impatto negativo delle malattie psicologiche e fisiche. La risoluzione dei problemi nella CBT spesso implica cinque passaggi: identificare un problema, generare un elenco di possibili soluzioni, valutare i punti di forza e di debolezza di ogni possibile soluzione, scegliere una soluzione da implementare e implementare la soluzione.

- Self Monitor

Conosciuto anche come lavoro di diario, l'auto-monitoraggio è una parte importante della CBT che implica il monitoraggio di comportamenti, sintomi o esperienze nel tempo e la loro condivisione con il tuo terapeuta. L'auto-monitoraggio può aiutare a fornire al tuo terapeuta le informazioni necessarie per fornire il miglior trattamento. Ad esempio, per i disturbi alimentari, l'autocontrollo può comportare il tenere traccia delle abitudini alimentari e di qualsiasi pensiero o sensazione associati al consumo di quel pasto o spuntino.

- Progredisci gradualmente

Nella maggior parte dei casi, la CBT è un processo graduale che aiuta una persona a compiere passi incrementali verso un cambiamento di comportamento. Ad esempio, qualcuno con ansia sociale potrebbe iniziare semplicemente immaginando situazioni sociali che provocano ansia. Successivamente, potrebbero iniziare a praticare conversazioni con amici, familiari e conoscenti.

Lavorando progressivamente verso un obiettivo più ampio, il processo sembra meno scoraggiante e gli obiettivi più facili da raggiungere.

Come viene utilizzata la terapia comportamentale in psicologia

Potenziali insidie

Ci sono diverse sfide che le persone possono incontrare durante il corso della terapia cognitivo comportamentale.

Il cambiamento può essere difficile

Inizialmente, alcuni pazienti suggeriscono che mentre riconoscono che certi pensieri non sono razionali o sani, il semplice fatto di prendere coscienza di questi pensieri non rende facile modificarli.

La CBT è molto strutturata

La terapia cognitivo comportamentale non tende a concentrarsi sulle resistenze inconsce sottostanti al cambiamento tanto quanto altri approcci come la psicoterapia psicoanalitica. È spesso più adatta per i clienti che sono più a loro agio con un approccio strutturato e focalizzato in cui il terapeuta spesso adotta un ruolo didattico.

Le persone devono essere disposte a cambiare

Affinché la terapia cognitivo comportamentale sia efficace, l'individuo deve essere pronto e disposto a dedicare tempo e sforzi all'analisi dei propri pensieri e sentimenti. Tale autoanalisi e compiti a casa possono essere difficili, ma è un ottimo modo per saperne di più su come gli stati interni influenzano il comportamento esteriore.

Cosa aspettarsi durante la prima sessione di terapia

La CBT è emersa negli anni '60 e ha avuto origine nel lavoro dello psichiatra Aaron Beck, che ha notato che alcuni tipi di pensiero hanno contribuito a problemi emotivi. Beck ha etichettato questi "pensieri negativi automatici" e ha sviluppato il processo della terapia cognitiva.

Laddove le precedenti terapie comportamentali si erano concentrate quasi esclusivamente su associazioni, rinforzi e punizioni per modificare il comportamento, l'approccio cognitivo affrontava il modo in cui pensieri e sentimenti influenzano i comportamenti. Da allora, la CBT è emersa come un trattamento di prima linea efficace per un'ampia gamma di disturbi e condizioni. La CBT è uno dei tipi di terapia più ricercati, in parte perché il trattamento si concentra su obiettivi altamente specifici ei risultati possono essere misurati in modo relativamente semplice.

La terapia cognitivo-comportamentale può essere una scelta terapeutica efficace per una serie di problemi psicologici.

25 Tecniche CBT e fogli di lavoro per la terapia cognitivo comportamentale

Anche se non hai familiarità con la psicologia, è probabile che tu abbia sentito parlare della terapia cognitivo-comportamentale, comunemente nota come CBT.

È un tipo estremamente comune di terapia della parola praticata in tutto il mondo.

Se hai mai interagito con un terapista della salute mentale, un consulente o uno psichiatra in un contesto professionale, è probabile che tu abbia partecipato alla CBT.

Se hai mai sentito amici o persone care parlare di come un professionista della salute mentale li abbia aiutati a identificare pensieri, schemi e comportamenti inutili e ad alterarli per lavorare in modo più efficace verso i loro obiettivi, hai sentito parlare dell'impatto della CBT. La CBT è uno degli strumenti più utilizzati nella cassetta degli attrezzi dello psicologo. Sebbene si basi su principi semplici, può avere esiti estremamente positivi quando viene messo in pratica.

In questo libro esploreremo cos'è la CBT, come funziona e come puoi applicare i suoi principi per migliorare la tua vita o quella dei tuoi clienti.

"Questa semplice idea è che i nostri modelli unici di pensiero, sentimento e comportamento sono fattori significativi nelle nostre esperienze, sia positive che negative. Poiché questi modelli hanno un impatto così significativo sulle nostre esperienze, ne consegue che l'alterazione di questi modelli può cambiare le nostre esperienze "(Martin, 2016).

La terapia cognitivo-comportamentale mira a cambiare i nostri modelli di pensiero, le nostre convinzioni consce e inconsce, i nostri atteggiamenti e, in ultima analisi, il nostro comportamento, al fine di aiutarci ad affrontare le difficoltà e raggiungere i nostri obiettivi.

Lo psichiatra Aaron Beck è stato il primo a praticare la terapia cognitivo comportamentale. Come la maggior parte dei professionisti della salute mentale dell'epoca, Beck era un professionista della psicoanalisi.

Mentre praticava la psicoanalisi, Beck ha notato la prevalenza del dialogo interno nei suoi clienti e si è reso conto di quanto forte possa essere il legame tra pensieri e sentimenti. Ha modificato la terapia che praticava per aiutare i suoi clienti a identificare, comprendere e affrontare i pensieri automatici e pieni di emozioni che sorgevano regolarmente nei suoi clienti.

Beck ha scoperto che una combinazione di terapia cognitiva e tecniche comportamentali ha prodotto i migliori risultati per i suoi clienti.

Questa forma di terapia non è progettata per la partecipazione permanente e mira ad aiutare i clienti a raggiungere i loro obiettivi nel prossimo futuro. La maggior parte dei regimi di trattamento CBT dura da cinque a dieci mesi, con i clienti che partecipano a una sessione da 50 a 60 minuti a settimana.

La CBT è un approccio pratico che richiede sia il terapeuta che il cliente di essere coinvolti nel processo e disposti a partecipare attivamente. Il terapeuta e il cliente lavorano insieme come una squadra per identificare i problemi che il cliente sta affrontando, escogitare strategie per affrontarli e creare soluzioni positive.

Distorsioni cognitive

1. Coping styles foglio di lavoro

Questo foglio di lavoro per la formulazione degli stili di coping indica a te o al tuo cliente di elencare per prima cosa eventuali problemi o difficoltà percepiti al momento - "Il problema". Tu o il tuo cliente lavorerete a ritroso per elencare i fattori di rischio (cioè, perché è più probabile che tu abbia questi problemi rispetto a qualcun altro) e i fattori scatenanti o gli eventi (cioè, lo stimolo o la fonte di questi problemi).

Dopo aver definito i problemi e aver capito perché stai lottando con loro, elencherai le strategie di coping. Queste non sono soluzioni ai tuoi problemi, ma modi per affrontare gli effetti di quei problemi che possono avere un impatto temporaneo. Successivamente, elenchi l'efficacia delle strategie di coping, ad esempio come ti fanno sentire a breve e lungo termine, e i vantaggi e gli svantaggi di ciascuna strategia.

Infine, si passa all'elenco delle azioni alternative. Se le tue strategie di coping non sono del tutto efficaci contro i problemi e le difficoltà che stanno accadendo, ti viene chiesto di elencare altre strategie che potrebbero funzionare meglio.

Questo foglio di lavoro induce te (o il tuo cliente) a pensare a ciò che stai facendo ora e se è il modo migliore per andare avanti.

Il problema	Strategie di coping	Efficacia delle strategie	Azioni alternative

2. Analisi funzionale ABC

Una tecnica popolare nella CBT è l'analisi funzionale ABC. Questa tecnica aiuta te (o il cliente) a conoscere te stesso, in particolare, cosa porta a comportamenti specifici e quali conseguenze derivano da quei comportamenti.

Al centro del foglio di lavoro c'è una casella denominata "Comportamenti". In questa casella, annoti eventuali comportamenti potenzialmente problematici che desideri analizzare.

Sul lato sinistro del foglio di lavoro c'è una casella denominata "Antecedenti", in cui tu o il cliente annotate i fattori che hanno preceduto un particolare comportamento. Questi sono fattori che hanno portato al comportamento in esame, direttamente o indirettamente.

Sul lato destro c'è la casella finale, denominata "Conseguenze". Qui è dove scrivi cosa è successo a seguito del comportamento in esame. Le "conseguenze" possono sembrare intrinsecamente negative, ma non è necessariamente così; alcune conseguenze positive possono derivare da molti tipi di comportamenti, anche se lo stesso comportamento porta anche a conseguenze negative.

Questo foglio di lavoro per l'analisi funzionale ABC può aiutare te o il tuo cliente a scoprire se determinati comportamenti sono adattivi e utili per raggiungere i tuoi obiettivi, o distruttivi e controproducenti.

Antecedenti	Comportamenti	Conseguenze

3. Foglio di lavoro per la formulazione del caso

In CBT, ci sono 4 " P " nella formulazione del caso:

- Fattori predisponenti;
- Fattori precipitanti;
- Fattori perpetuanti;
- Fattori protettivi.

Ci aiutano a capire cosa potrebbe causare l'insorgere di un problema percepito e cosa potrebbe impedire che venga affrontato in modo efficace.

In questo foglio di lavoro, un terapista lavorerà con il proprio cliente attraverso 4 passaggi.

In primo luogo, identificano i fattori predisponenti, che sono quelli esterni o interni e possono aumentare la probabilità che qualcuno sviluppi un problema percepito ("Il problema"). Gli esempi potrebbero includere la genetica, gli eventi della vita o il loro temperamento.

Insieme, collaborano per identificare i fattori precipitanti, che forniscono informazioni su eventi o fattori scatenanti precisi che portano alla presentazione di " Il problema ". Quindi considerano fattori che si perpetuano, per scoprire quali rinforzi potrebbero mantenere il problema attuale.

Infine, identificano i fattori protettivi, per comprendere i punti di forza del cliente, i supporti sociali e i modelli comportamentali adattivi.

4. Foglio di lavoro per la formulazione di casi estesi

Questo foglio di lavoro si basa sull'ultimo. Aiuta te o il tuo cliente ad affrontare i "Quattro Fattori P" descritti sopra: fattori predisponenti, precipitanti, perpetuanti e protettivi. Questo processo di formulazione può aiutare te o il tuo cliente a collegare i punti tra le convinzioni fondamentali, i modelli di pensiero e il comportamento presente.

Questo foglio di lavoro presenta sei caselle sulla sinistra della pagina, che dovrebbero essere completate prima di passare al lato destro del foglio di lavoro.

La prima casella è etichettata "Il problema" e corrisponde alla difficoltà percepita che sta vivendo il tuo cliente. In questo riquadro ti viene chiesto di annotare gli eventi o gli stimoli collegati a un determinato comportamento.

La casella successiva è etichettata "Early Experiences" e corrisponde al fattore predisponente. Qui è dove elenchi le esperienze che hai avuto all'inizio della vita che potrebbero aver contribuito al comportamento.

Il terzo riquadro è "Convinzioni fondamentali", anch'esso correlato al fattore predisponente. Qui è dove scrivi alcune convinzioni fondamentali rilevanti che hai riguardo a questo comportamento. Queste sono convinzioni che potrebbero non essere esplicite, ma che credi in fondo, come "Sono cattivo" o "Non sono abbastanza bravo".

La quarta casella è "Presupposti / regole / atteggiamenti condizionali", che è il punto in cui elenchi le regole a cui aderisci, consciamente o inconsciamente. Queste regole implicite o esplicite possono perpetuare il comportamento, anche se non è utile o adattivo. Le regole sono affermazioni se-allora che forniscono un giudizio basato su una serie di circostanze. Ad esempio, potresti avere la regola "Se non faccio qualcosa perfettamente, sono un completo fallimento".

La quinta casella è etichettata "Strategie di coping maladattive". Qui è dove scrivi quanto bene queste regole funzionano per te (o no). Ti stanno aiutando a essere il meglio che puoi essere? Ti stanno aiutando a raggiungere i tuoi obiettivi in modo efficace?

Infine, l'ultimo riquadro è intitolato "Positivi". Qui è dove elenchi i fattori che possono aiutarti ad affrontare il comportamento o il pensiero problematico e forse aiutarti a rompere il ciclo perpetuo. Queste possono essere cose che ti aiutano a far fronte una volta che il pensiero o il comportamento sorge o cose che possono interrompere il modello una volta che è in movimento.

Ti viene chiesto di pensare a una situazione che produce un pensiero automatico negativo e registrare l'emozione e il comportamento che questo pensiero provoca, nonché le sensazioni corporee che possono derivarne. La compilazione di questo diagramma di flusso può aiutarti a vedere cosa guida il tuo comportamento o pensiero e quali risultati ne deriva.

Il problema	Early Experiences	Convinzioni fondamentali	Presupposti / regole / atteggiamenti condizionali	Strategie di coping maladattive	Positivi	L'emozione e il comportamento

5. Record di pensiero disfunzionale

Questo foglio di lavoro è particolarmente utile per le persone che lottano con pensieri negativi e hanno bisogno di capire quando e perché questi pensieri hanno maggiori probabilità di apparire. Imparare di più su ciò che provoca certi pensieri automatici li rende più facili da affrontare e invertire.

Il foglio di lavoro è diviso in sette colonne:

All'estrema sinistra, c'è lo spazio per annotare la data e l'ora in cui è sorto un pensiero disfunzionale.

La seconda colonna è dove è elencata la situazione. L'utente è incaricato di descrivere in dettaglio l'evento che ha portato al pensiero disfunzionale.

La terza colonna è per il pensiero automatico. È qui che viene registrato il pensiero automatico disfunzionale, insieme a una valutazione di credenza nel pensiero su una scala da 0% a 100%.

La colonna successiva è dove vengono elencate le emozioni suscitate da questo pensiero, anche con una valutazione di intensità su una scala da 0% a 100%.

Usa la quinta colonna per annotare il pensiero disfunzionale che verrà affrontato. Esempi di pensieri disadattivi includono distorsioni come gonfiare eccessivamente il negativo mentre si respinge il positivo di una situazione o generalizzare eccessivamente.

La penultima colonna è per l'utente annotare pensieri alternativi che sono più positivi e funzionali per sostituire quello negativo.

Infine, l'ultima colonna consente all'utente di annotare il risultato di questo esercizio. Sei riuscito ad affrontare il pensiero disfunzionale? Hai scritto un pensiero alternativo convincente? La tua fede nel pensiero e / o l'intensità delle tue emozioni è diminuita?

Data e ora	La situazione	Pensiero automatico	Emozioni	Pensiero disfunzionale	Pensieri alternativi	Risultato

6. Verifica dei fatti

Uno dei miei strumenti CBT preferiti è questo foglio di lavoro per il controllo dei fatti perché può essere estremamente utile per riconoscere che i tuoi pensieri non sono necessariamente veri.

Nella parte superiore di questo foglio di lavoro c'è una lezione importante:

I pensieri non sono fatti.

Certo, può essere difficile accettarlo, specialmente quando siamo alle prese con un pensiero disfunzionale o un'emozione intensa. La compilazione di questo foglio di lavoro può aiutarti a giungere a questa realizzazione.

Il foglio di lavoro include 16 affermazioni che l'utente deve decidere se sono fatti o opinioni. Queste affermazioni includono:

Sono una brutta persona.

Ho fallito il test.

Io sono egoista.

Non ho prestato soldi al mio amico quando me l'hanno chiesto.

Trova te le altre affermazioni che pensi che riguardano te o il tuo cliente.

Questo non è un trucco: c'è una risposta giusta per ciascuna di queste affermazioni. (Nel caso ve lo stiate chiedendo, le risposte corrette per le affermazioni di cui sopra sono le seguenti: opinione, fatto, opinione)

Questo semplice esercizio può aiutare l'utente a vedere che, sebbene abbiamo molti pensieri carichi di emozioni, non sono tutte verità oggettive. Riconoscere la differenza tra fatto e opinione può aiutarci a sfidare le opinioni disfunzionali o dannose che abbiamo su noi stessi e sugli altri.

7. Ristrutturazione cognitiva

Questo foglio di lavoro utilizza l'interrogatorio socratico, una tecnica che può aiutare l'utente a sfidare pensieri irrazionali o illogici.

La prima pagina del foglio di lavoro ha una bolla di pensiero per "Cosa sto pensando". Tu o il tuo cliente potete usare questo spazio per annotare un pensiero specifico, di solito, uno che sospetti sia distruttivo o irrazionale.

Successivamente, scrivi i fatti che supportano e contraddicono questo pensiero come una realtà. Quali fatti su questo pensiero sono accurati? Quali fatti lo mettono in discussione? Una volta identificate le prove, puoi usare l'ultima casella per esprimere un giudizio su questo pensiero, in particolare se si basa su prove o semplicemente sulla tua opinione.

La pagina successiva è una mappa mentale delle domande socratiche che può essere utilizzata per sfidare ulteriormente il pensiero. Potresti riscrivere "Quello che sto pensando" al centro in modo che sia più facile sfidare il pensiero contro queste domande.

Una domanda si chiede se questo pensiero sia veramente una situazione in bianco e nero o se la realtà lasci spazio a sfumature di grigio. È qui che pensi (e scrivi) se stai usando il pensiero tutto o niente, per esempio, o se stai rendendo le cose irragionevolmente semplici quando sono complesse.

Un altro chiede se potresti interpretare erroneamente le prove o formulare ipotesi non verificate. Come con tutte le altre bolle, annotarlo renderà questo esercizio più efficace.

Una terza bolla ti insegna a pensare se altre persone potrebbero avere interpretazioni diverse della stessa situazione e quali potrebbero essere queste interpretazioni.

Successivamente, chiediti se stai esaminando tutte le prove pertinenti o solo le prove che supportano la convinzione che già hai. Cerca di essere il più obiettivo possibile.

Aiuta anche a chiedersi se il tuo pensiero possa un'inflazione eccessiva di una verità. Alcuni pensieri negativi si basano sulla verità ma si estendono oltre i loro confini logici.

Ti viene anche chiesto di considerare se stai intrattenendo questo pensiero negativo per abitudine o perché i fatti lo supportano veramente.

Quindi, pensa a come ti è venuto in mente questo pensiero. È stato trasmesso da qualcun altro? In tal caso, quella persona è una fonte attendibile di verità?

Infine, completi il foglio di lavoro identificando quanto è probabile lo scenario che il tuo pensiero solleva effettivamente e se è lo scenario peggiore.

Queste domande socratiche incoraggiano un'immersione profonda nei pensieri che ti affliggono e offrono opportunità per analizzare e valutare quei pensieri. Se hai pensieri che non provengono da un luogo di verità, questo foglio di lavoro di ristrutturazione cognitiva può essere uno strumento eccellente per identificarli e disinnescarli.

Altri interventi ed esercizi CBT

Non hai ancora abbastanza strumenti e tecniche CBT? Continua a leggere per ulteriori esercizi utili ed efficaci.

1. Esperimenti comportamentali

Questi sono legati agli esperimenti mentali, in quanto ti impegni in una considerazione "what if". Gli esperimenti comportamentali differiscono dagli esperimenti mentali in quanto in realtà provi questi "e se" al di fuori dei tuoi pensieri .

Per testare un pensiero, puoi sperimentare i risultati che producono pensieri diversi. Ad esempio, puoi testare i pensieri:

"Se critico me stesso, sarò motivato a lavorare di più" rispetto a "Se sono gentile con me stesso, sarò motivato a lavorare di più".

In primo luogo, proveresti a criticare te stesso quando hai bisogno della motivazione per lavorare di più e registrare i risultati. Quindi proveresti a essere gentile con te stesso e a registrare i risultati. Successivamente, confronteresti i risultati per vedere quale pensiero era più vicino alla verità.

Questi esperimenti comportamentali per testare le convinzioni possono aiutarti a imparare come raggiungere i tuoi obiettivi terapeutici e come essere il meglio di te stesso.

2. Record di pensiero

Le registrazioni dei pensieri sono utili per testare la validità dei tuoi pensieri . Comprendono la raccolta e la valutazione di prove a favore e contro un particolare pensiero, consentendo una conclusione basata sull'evidenza sul fatto che il pensiero sia valido o meno.

Ad esempio, potresti avere la convinzione "Il mio amico pensa che io sia un cattivo amico". Potresti pensare a tutte le prove di questa convinzione, come "Non ha risposto al telefono l'ultima volta che ho chiamato" o "Ha annullato i nostri piani all'ultimo minuto" e prove contro questa convinzione, come "Ha chiamato torna indietro dopo non aver risposto al telefono ", e" Mi ha invitato al suo barbecue la prossima settimana. Se avesse pensato che fossi una cattiva amica, probabilmente non mi avrebbe invitato. "

Una volta che hai prove a favore e contro, l'obiettivo è di elaborare pensieri più equilibrati, come "La mia amica è impegnata e ha altri amici, quindi non può sempre rispondere al telefono quando la chiamo. Se capisco questo, sarò davvero un buon amico ".

I record di pensiero applicano l'uso della logica per scongiurare pensieri negativi irragionevoli e sostituirli con pensieri più equilibrati e razionali.

3. Pianificazione piacevole delle attività

Questa tecnica può essere particolarmente utile per affrontare la depressione . Implica la pianificazione di attività nel prossimo futuro che puoi aspettarti.

Ad esempio, puoi scrivere un'attività al giorno che ti impegnerai nella prossima settimana. Può essere semplice come guardare un film che non vedi l'ora di vedere o chiamare un amico per chattare. Può essere tutto ciò che è piacevole per te, purché non sia malsano (ad esempio, mangiare un'intera torta in una volta sola o fumare).

Puoi anche provare a programmare un'attività per ogni giorno che ti dia un senso di maestria o realizzazione. È fantastico fare qualcosa di piacevole, ma fare qualcosa di piccolo che può farti sentire realizzato può avere effetti più duraturi e di vasta portata.

Questa semplice tecnica può introdurre più positività nella tua vita e il nostro foglio di lavoro per la pianificazione delle attività piacevoli è progettato per aiutarti.

4. Esposizione basata su immagini

Questo esercizio implica pensare a un ricordo recente che ha prodotto forti emozioni negative e analizzare la situazione.

Ad esempio, se di recente hai litigato con la tua dolce metà e hanno detto qualcosa di offensivo, puoi ricordare quella situazione e cercare di ricordarla in dettaglio. Successivamente, proveresti a etichettare le emozioni e i pensieri che hai provato durante la situazione e identificare gli impulsi che hai sentito (ad esempio, scappare, urlare al tuo altro significativo o piangere).

Visualizzare questa situazione negativa, soprattutto per un periodo di tempo prolungato, può aiutarti a togliere la sua capacità di innescarti e ridurre la capacità di evitamento . Quando ti esponi a tutti i sentimenti e gli impulsi che hai provato nella situazione e sopravvivi sperimentando il ricordo, togli parte del suo potere.

5. Foglio di lavoro per l'esposizione graduata

Questa tecnica può sembrare complicata, ma è relativamente semplice.

Fare una gerarchia dell'esposizione della situazione implica elencare le situazioni che normalmente eviteresti . Ad esempio, qualcuno con una grave ansia sociale può in genere evitare di fare una telefonata o di chiedere a qualcuno un appuntamento.

Successivamente, valuti ogni elemento in base a quanto pensi che saresti angosciato, su una scala da 0 a 10, se ti impegnassi. Per la persona che soffre di grave ansia sociale, chiedere a qualcuno di uscire con qualcuno può essere valutato come un 10 sulla scala, mentre fare una telefonata potrebbe essere valutato più vicino a un 3 o 4.

Dopo aver valutato le situazioni, classificale in base alla loro valutazione di pericolo. Questo ti aiuterà a riconoscere le maggiori difficoltà che devi affrontare, il che può aiutarti a decidere quali elementi affrontare e in quale ordine. Si consiglia spesso di iniziare con gli elementi meno angoscianti e lavorare fino a raggiungere gli elementi più angoscianti.

Attività cognitive comportamentali

Ci sono alcune altre attività ed esercizi CBT che potrebbero essere utili per te o per i tuoi clienti che vorremmo coprire.

1. Meditazione di consapevolezza

La consapevolezza può avere una vasta gamma di impatti positivi, tra cui aiutare con depressione, ansia, dipendenza e molte altre malattie o difficoltà mentali. La consapevolezza può aiutare coloro che soffrono di pensieri automatici dannosi a liberarsi dalla ruminazione e dall'ossessione aiutandoli a rimanere saldamente radicati nel presente.

2. Approssimazione successiva

Questo è un nome stravagante per un'idea semplice di cui probabilmente hai già sentito parlare: suddividere compiti di grandi dimensioni in piccoli passaggi.

Può essere opprimente trovarsi di fronte a un obiettivo enorme, come aprire un'attività o ristrutturare una casa. Questo è vero anche nel trattamento della salute mentale, poiché l'obiettivo di superare la depressione o l'ansia e raggiungere il benessere mentale può sembrare un compito monumentale.

Suddividendo il grande obiettivo in piccoli passaggi facili da realizzare, possiamo tracciare il percorso verso il successo e rendere il viaggio un po 'meno.

3. Scrivere autoaffermazioni per contrastare i pensieri negativi

Questa tecnica può essere difficile per qualcuno che è nuovo nel trattamento della CBT o soffre di sintomi gravi, ma può anche essere estremamente efficace.

Quando tu (o il tuo cliente) siete afflitti da pensieri negativi, può essere difficile affrontarli, soprattutto se la vostra fede in questi pensieri è forte. Per contrastare questi pensieri negativi, può essere utile scrivere un pensiero positivo e opposto.

Ad esempio, se il pensiero "Non valgo niente" continua a venirti in mente, prova a scrivere una dichiarazione come "Sono una persona di valore" o "Sono una persona con un potenziale". All'inizio può essere difficile accettare questi pensieri sostitutivi, ma più tiri fuori questi pensieri positivi per contrastare quelli negativi, più forte sarà l'associazione.

4. Visualizza le parti migliori della tua giornata

Quando ti senti depresso o negativo, è difficile riconoscere che ci sono aspetti positivi della vita. Questa semplice tecnica per ricordare le parti belle della giornata può essere un piccolo passo nella direzione del riconoscimento del positivo.

Tutto quello che devi fare è scrivere le cose della tua vita per cui sei grato o gli eventi più positivi che accadono in un dato giorno. Il semplice atto di scrivere queste cose buone può creare nuove associazioni nel tuo cervello che rendono più facile vedere il positivo, anche quando provi emozioni negative.

5. Rinnova i tuoi pensieri negativi

Può essere facile soccombere a pensieri negativi come impostazione predefinita. Se ti ritrovi a pensare immediatamente a un pensiero negativo quando vedi qualcosa di nuovo, come entrare in una stanza sconosciuta e pensare "Odio il colore di quel muro", prova a riformulare .

Riformulare implica contrastare i pensieri negativi notando le cose per le quali ti senti positivo il più rapidamente possibile. Ad esempio, nell'esempio in cui pensi immediatamente a quanto odi il colore di quel muro, ti spingeresti a notare cinque cose nella stanza per le quali ti senti positivamente (ad esempio, il tappeto sembra comodo, il paralume è carino, le finestre lasciano entrare molto sole).

Puoi impostare il telefono in modo che ti ricordi durante il giorno di interrompere ciò che stai facendo e pensare alle cose positive intorno a te. Questo può aiutarti a riportare i tuoi pensieri nel regno del positivo invece che del negativo.

In questo capitolo, abbiamo offerto molte tecniche, strumenti e risorse che possono essere efficaci nella battaglia contro la depressione, l'ansia, il disturbo ossessivo compulsivo e una miriade di altri problemi o difficoltà.

Tuttavia, come nel caso di molti trattamenti, dipendono da te (o dal tuo cliente) che ti impegni molto. Ti incoraggiamo a provare queste tecniche e concediti il lusso di pensare che potrebbero effettivamente funzionare.

Quando ci avviciniamo a una potenziale soluzione partendo dal presupposto che non funzionerà, quell'ipotesi spesso diventa una profezia che si autoavvera. Quando affrontiamo una potenziale soluzione con una mente aperta e la convinzione che potrebbe funzionare, ha molte più possibilità di successo.

Quindi, se stai lottando con pensieri automatici negativi, considera questi suggerimenti e tecniche e dai loro una possibilità. Allo stesso modo, se il tuo cliente sta lottando, incoraggiali a fare lo sforzo, perché il guadagno può essere migliore di quanto possa immaginare.

Terapia cognitiva: fondamenti, modelli concettuali, applicazioni e ricerca

C'è un crescente interesse per il modello cognitivo di psicoterapia stimolato da un ampio corpo di risultati della ricerca che ne dimostrano l'efficacia per una serie variegata di disturbi psichiatrici e condizioni mediche. Questo capitolo di revisione mira a fornire una panoramica del background storico e filosofico degli approcci cognitivi e cognitivo-comportamentali contemporanei alla psicoterapia, sottolineando le somiglianze e le differenze tra di loro. Verrà discussa una presentazione del modello cognitivo progettato da Aaron Beck e alcune delle tecniche cognitive e comportamentali utilizzate nei disturbi emotivi. Verranno brevemente illustrati studi di outcome e meta-analisi che contemplano l'efficacia delle terapie cognitive e cognitivo-comportamentali in varie condizioni psicologiche e mediche .

Metodo: attraverso la revisione di articoli e libri di testo, in particolare le opere di Aaron Beck da cui questo capitolo di revisione ha ampiamente preso in prestito, vengono descritte le origini e le basi degli approcci cognitivo-comportamentali al trattamento delle condizioni psichiatriche e mediche . Attraverso Medline, la ricerca di studi randomizzati controllati e meta-analisi ha evidenziato l'efficacia basata sull'evidenza di questo approccio psicoterapeutico.

Risultati e conclusioni: le terapie cognitivo-comportamentali in generale e la terapia cognitiva beckiana in particolare detengono un fondamento teorico e una serie varia di tecniche, la cui efficacia basata sull'evidenza è stata dimostrata per il trattamento di diverse condizioni mentali e fisiche.

I termini terapia cognitiva (TC) e il termine generico terapia comportamentale cognitiva (CBT) sono spesso usati come sinonimi per descrivere psicoterapie basate sul modello cognitivo. Il termine CBT viene utilizzato anche per un gruppo di tecniche in cui sono combinati un approccio cognitivo e una serie di procedure comportamentali. La CBT è stata utilizzata come termine generico per includere sia la TC standard che le combinazioni ateoriche di strategie cognitive e comportamentali.

Da circa 45 anni fa, quando il ruolo della cognizione nella depressione e nella terapia fu descritto per la prima volta in letteratura, ci sono stati continui progressi nello sviluppo della teoria e della terapia cognitiva . I test empirici di entrambi hanno affinato il modello cognitivo nel corso degli anni. Le caratteristiche essenziali della TC, tuttavia, sono persistite, in particolare l'enfasi sull'influenza del pensiero distorto e delle valutazioni cognitive irrealistiche degli eventi sui sentimenti e sul comportamento di un individuo. Aaron Beck, il fondatore della terapia cognitiva, ha formulato un quadro teorico coerente prima dello sviluppo delle strategie terapeutiche. Le linee guida per sviluppare e valutare il nuovo sistema di psicopatologia e psicoterapia erano:

1) costruire una teoria globale della psicopatologia che si articolasse bene con l' approccio psicoterapeutico ;

2) indagare il supporto empirico alla teoria; e

3) condurre studi empirici che testassero l'efficacia della terapia.

La ricerca da allora in poi ha coinvolto diverse fasi: cercando di identificare gli elementi cognitivi idiosincratici derivati da dati clinici in vari disturbi; sviluppare e testare misure per sistematizzare queste osservazioni cliniche; e preparare piani di trattamento e linee guida per la terapia.

La ricerca e la pratica clinica hanno dimostrato che la TC è efficace nel ridurre i sintomi e i tassi di ricaduta, con o senza farmaci, in un'ampia varietà di disturbi psichiatrici. Beck ha applicato sistematicamente il set di principi teorici e terapeutici della TC a una sequenza di disturbi che iniziano con depressione, suicidio, disturbi d' ansia e fobie, disturbi di panico, disturbi di personalità, e abuso di sostanze. Problemi interpersonali e rabbia, ostilità , e violenze sono stati anche studiati. Inoltre, lavori più recenti con questo approccio hanno mostrato un effetto aggiuntivo sul trattamento farmacologico di disturbi psichiatrici gravi come la schizofrenia e il disturbo bipolare. Adattamenti continui dei protocolli cognitivo- comportamentali per una gamma sempre più ampia di disturbi psicologici e medici. è stato testato per il dolore cronico, il disagio coniugale , i disturbi somatici dell'infanzia, nonché per la bulimia nervosa e i problemi di eccesso di cibo. Attualmente sono disponibili oltre 330 studi sui risultati degli interventi cognitivo-comportamentali e la produzione di ricerca è continuata. Alcuni studi sui risultati di neuroimaging hanno recentemente confermato ciò che si pensava: le CBT producono cambiamenti fisiologici e funzionali in molti siti cerebrali.

Background storico e filosofico della CBT

All'inizio degli anni Sessanta iniziò ad emergere una "rivoluzione cognitiva " sebbene i primi importanti testi sulla modificazione cognitiva apparissero solo negli anni Settanta. La ricerca di Albert Bandura sui modelli di elaborazione delle informazioni e l'apprendimento vicario insieme a prove empiriche nell'area dello sviluppo del linguaggio ha sollevato domande sul modello comportamentale tradizionale disponibile fino a quella data e ha sottolineato i limiti di un approccio comportamentale non mediazionale nello spiegare il comportamento umano . Un numero crescente di teorici e terapisti iniziò a identificarsi come " cognitivo-comportamentali " nell'orientamento; alcuni dei primi fautori più importanti di una prospettiva cognitiva e cognitivo-comportamentale furono Beck, Ellis, Cautela, Meichenbaum, e Mahoney.

Una diversità di approcci CBT è emersa nel corso dei decenni, raggiungendo vari gradi di applicazione e successo. Le CBT possono essere organizzate in tre divisioni principali:

) terapie delle abilità di coping , che sottolineano lo sviluppo di un repertorio di abilità progettate per fornire al paziente gli strumenti per affrontare una varietà di situazioni problematiche;

2) terapie per la risoluzione dei problemi, che enfatizzano lo sviluppo di strategie generali per affrontare un'ampia gamma di difficoltà personali; e

3) terapie ristrutturanti, che enfatizzano l'assunto che i problemi emotivi siano una conseguenza di pensieri disadattivi, essendo

l'obiettivo del trattamento per riformulare il pensiero distorto e promuovere pensieri adattivi. Alcuni di questi modelli concettuali di modificazione cognitivo-comportamentale, così come presentato dal Dobson e Dozois sono brevemente riassunte qui di seguito.

La terapia cognitiva di Aaron Beck sarà discussa in una sezione separata di questo capitolo.

La formazione di autoistruzione è stata sviluppata negli anni '70 da Donald Meichenbaum, con una particolare attenzione alla relazione tra autoistruzione verbale e comportamento. Supportato da un'ampia letteratura, la formazione di autoistruzione ha la sua enfasi su compiti graduali, modelli cognitivi , formazione mediazione diretta e auto-rinforzo, che riflette chiaramente il background comportamentale di Meichenbaum. Anche la formazione sull'inoculazione da stress , un'altra CBT con un approccio multi-componente alle capacità di coping , è stata sviluppata da Meichenbaum, e si basa sulla premessa teorica che nell'imparare ad affrontare livelli lievi di stress, i clienti vengono essenzialmente "inoculati" contro livelli incontrollabili di stress. La terapia per la risoluzione dei problemi, concettualizzata come addestramento all'autocontrollo, è stata proposta nel 1971 da D'Zurilla e Goldfried; il suo scopo è quello di addestrare le abilità di risoluzione dei problemi di base che vengono successivamente applicate a situazioni problematiche reali e quindi promuovere il cambiamento del comportamento generalizzato. È stato sviluppato e utilizzato in una varietà di situazioni, come la prevenzione e la gestione dello stress, la gestione della rabbia, la depressione e il trattamento del cancro.

La terapia comportamentale emotiva razionale (REBT), una terapia ristrutturante sviluppata da Albert Ellis, è considerata da molti come una delle prime terapie cognitivo-comportamentali. Oltre 45 anni fa, Ellis, originariamente uno psicoanalista, sviluppò il cosiddetto modello ABC, che postula che ogni particolare esperienza o evento attiva (A) convinzioni individuali (B), che a loro volta generano conseguenze emotive, comportamentali o fisiologiche (C) . Ellis postula anche che 12 convinzioni irrazionali di base , che assumono la forma di aspettative irrealistiche o assolutistiche , sono alla base del disturbo emotivo. L'obiettivo della terapia è identificare le convinzioni irrazionali e, attraverso domande logico-empiriche , sfidare, disputare e discutere con forza, modificarle. Il suo libro del 1962 Reason and Emotion in Psychotherapy rimane un riferimento primario per questo approccio.

La terapia costruttivista ha un approccio cognitivo strutturale introdotto all'inizio degli anni '80. Sebbene vi siano alcuni parallelismi tra le prospettive cognitivo-comportamentali e costruttiviste, come l'identificazione e la modifica delle strutture cognitive attraverso una varietà di tecniche comportamentali e cognitive, ci sono importanti differenze tra la CBT, definita un approccio "razionale", e la prospettiva costruttivista considerata come un approccio "post-razionale". Guidano ha espresso crescente preoccupazione per il valore di validità delle strutture cognitive rispetto al valore di verità del contenuto delle strutture cognitive; piuttosto che trattare il contenuto del pensiero, le terapie all'interno del costruttivismo enfatizzerebbero il processo di pensiero e la generazione di significato. Come sottolineato da Neimeyer, l'approccio post-razionale può essere anche "radicalmente divergente da una prospettiva di terapia cognitiva tradizionale".

Negli ultimi anni, molti altri approcci cognitivo-comportamentali sono emersi e si sono evoluti dall'originale cognitivo e cognitivo.

Fondamenti della terapia cognitiva - modello concettuale comportamentale. La Schema Therapy, sviluppata da Jeffrey Young e la Dialectic behavior therapy (DBT) sviluppata da Marsha Linehan, sono due buoni esempi di approcci CBT utilizzati per trattare individui con psicopatologia più grave, in particolare disturbo borderline di personalità.

1. Somiglianze e differenze tra CBT

Gli approcci CBT condividono un terreno comune, sebbene vi siano notevoli differenze nei principi e nelle procedure tra di loro per il fatto che i pionieri nello sviluppo di interventi cognitivo-comportamentali provenivano da diversi background teorici . Ad esempio, mentre sia Aaron Beck che Albert Ellis avevano un background psicoanalitico, altri teorici come Meichenbaum, Goldfried e Mahoney erano originariamente formati nella modifica del comportamento.

Secondo Dobson & Dozois, 42 attuali approcci CBT condividono tre proposizioni fondamentali. Il primo è il ruolo di mediazione della cognizione, che afferma che c'è sempre un'elaborazione cognitiva e una valutazione degli eventi interni ed esterni che possono influenzare la risposta a quegli eventi; il secondo, afferma che l' attività cognitiva può essere monitorata, valutata e misurata; e il terzo, che il cambiamento del comportamento può essere mediato da queste valutazioni cognitive e può essere, quindi, un segno indiretto di cambiamento cognitivo.

La CBT può essere contrastata con trattamenti puramente comportamentali in cui la cognizione non è una variabile esplicativa importante e non è principalmente mirata all'intervento. Pertanto, gli approcci mirati strettamente al cambiamento del comportamento, come il modello stimolo-risposta, non sono cognitivo-comportamentali; allo stesso modo, qualsiasi terapia che si concentri esclusivamente sul cambiamento cognitivo non è cognitivo-comportamentale. Qualsiasi forma di terapia che non includa la proposizione del modello di mediazione come una componente importante del piano di trattamento non rientra nell'ambito della CBT, e l'etichetta "cognitivo-comportamentale" non può essere applicata42 In sintesi, una caratteristica distintiva di cognitivo -comportamentale La terapia comportamentale è il concetto che i sintomi ei comportamenti disfunzionali sono mediati cognitivamente e, quindi, il miglioramento può essere prodotto modificando il pensiero e le convinzioni disfunzionali.

Inoltre, le varie terapie cognitivo-comportamentali condividono una serie di punti in comune che non sono teoricamente centrali

In primo luogo, in contrasto con la terapia psicoanalitica a lungo termine, la maggior parte delle CBT sono di natura limitata nel tempo, con molti manuali di trattamento che raccomandano 12-16 sessioni per depressione e ansia non complicate. I disturbi della personalità e altri disturbi cronici richiederanno più tempo, forse più di 1-2 anni di trattamento. In secondo luogo, quasi tutte le CBT vengono applicate a problemi o disturbi specifici, una caratteristica che riflette il loro patrimonio di terapia comportamentale e in parte spiega la loro natura limitata nel tempo. Piuttosto che implicare una limitazione delle

CBT, la loro natura focalizzata sul problema riflette uno sforzo continuo per documentare gli effetti terapeutici, stabilire frontiere terapeutiche e identificare la terapia più efficace per un dato problema.

Una terza comunanza, l'assunzione del controllo del paziente, sottolinea che il paziente è l'agente attivo nel suo trattamento. L'assunzione del controllo del paziente è resa possibile dai tipi di problemi che tipicamente affrontano la CBT classica, che includono disturbi e condizioni discreti, problemi di autocontrollo e capacità generali di risoluzione dei problemi. Relativa all'assunzione del controllo del paziente c'è una quarta comunanza: molte CBT sono di natura esplicitamente o implicitamente educativa, poiché il modello terapeutico può essere insegnato e la logica dell'intervento comunicata al paziente, che è in contrasto con altri approcci psicoterapeutici. La quinta comunanza si estende direttamente dal loro processo educativo, poiché la maggior parte delle CBT si prefigge l'obiettivo implicito che il paziente imparerà a conoscere il processo terapeutico nel corso della terapia. I pazienti non solo superano i problemi di rinvio in terapia e quindi imparano a prevenire le ricadute, ma apprendono anche abilità terapeutiche, che essi stessi possono applicare in modo completo a una serie di diversi problemi nella loro vita. Nella CBT i pazienti diventano i propri terapisti.

Come hanno sottolineato Dobson & Dozois, anche se le terapie identificate come cognitivo-comportamentali condividono una serie di caratteristiche teoriche e pratiche , e nonostante le loro varie sovrapposizioni procedurali, "non è più appropriato affermare che esiste davvero un approccio cognitivo-comportamentale in quanto è affermare che esiste una terapia psicoanalitica ".

Tuttavia, mentre le terapie cognitivo-comportamentali in generale coinvolgono un'intera varietà di approcci, la terapia cognitiva sviluppata da Beck, con il suo insieme di principi e metodologie e tecniche molto specifiche , è abbastanza uniforme.

Terapia cognitiva

1. Fondamenti teorici

Il modello cognitivo è stato originariamente costruito sulla base di studi di ricerca condotti da Aaron Beck per spiegare i processi psicologici nella depressione, nel tentativo di dimostrare la teoria della depressione di Freudian come ostilità repressa retroflessa. Invece di ostilità e rabbia, la ricerca sui sogni dei pazienti ha mostrato un "senso di sconfitta, fallimento e perdita". I temi dei pazienti depressi durante il sogno erano coerenti con i loro temi di veglia; i sogni potrebbero essere semplicemente un riflesso dei pensieri della persona. Sulla base di ricerche sistematiche e osservazioni cliniche, Beck ha proposto che i sintomi della depressione possano essere spiegati in termini cognitivi come interpretazioni distorte di eventi attribuiti all'attivazione di rappresentazioni negative del sé, del mondo personale e del futuro (la triade cognitiva).

Come conseguenza naturale, Beck iniziò a mettere sempre più in discussione il modello motivazionale inconscio psicoanalitico e il metodo terapeutico , in particolare l'enfasi della psicoanalisi sulle concettualizzazioni motivazionale -affettive dei disturbi emotivi, che in gran parte ignoravano i fattori cognitivi, come dimostrato dai risultati della sua ricerca sulla depressione. le basi della teoria e della terapia cognitiva , Beck iniziò a differenziare l' approccio cognitivo da quello psicoanalitico, concentrando il trattamento sui problemi presenti , invece di scoprire traumi nascosti del passato, e sull'analisi di esperienze psicologiche accessibili, piuttosto che inconsce. Tuttavia, l'esperienza con la psicoanalisi è stata importante nello sviluppo iniziale dei concetti e delle strategie terapeutiche della TC. Un contributo importante alle basi della TC è stato dato dalla formulazione freudiana della strutturazione gerarchica della cognizione in un processo primario (cioè fuori dalla consapevolezza e basato su fantasie e desideri) e un processo secondario (cioè accessibile alla consapevolezza e basato sul principi di realtà oggettiva), nonché il concetto che i sintomi si basano su idee patogene

Dalla sua formazione in psicoanalisi e lungo la sua carriera professionale, Beck si è identificato con neo-analisti, come Alfred Adler, Karen Horney, Otto Rank e Harry Sullivan, che hanno sottolineato l' importanza di comprendere e affrontare le esperienze coscienti dei pazienti , nonché la necessità per trattare i significati che i pazienti danno agli eventi che sperimentano nella loro vita. La teoria cognitiva, con il suo focus sui processi intrapsichici piuttosto che sul comportamento manifesto, è più un'eredità della teoria psicoanalitica, sebbene le procedure terapeutiche siano più simili alla terapia comportamentale.

Inoltre, la struttura teorica della TC è stata costruita sui contributi di altre scuole, come l' approccio fenomenologico-umanistico alla psicologia. Ispirato in parte da filosofi come Kant, Heidegger e Husserl, ha adottato l'enfasi sull'esperienza soggettiva cosciente. Dai filosofi stoici greci deriva il concetto che gli esseri umani sono disturbati dai significati che attribuiscono ai fatti, non dai fatti in sé. Carl Rogers con la sua terapia orientata al cliente ha ispirato lo stile terapeutico di domande gentili e l'accettazione incondizionata del paziente. La teoria dell'attaccamento di John Bowlby era una fonte molto preziosa per lo sviluppo della concettualizzazione cognitiva.

Anche le influenze delle scienze cognitive e della psicologia cognitiva hanno rappresentato i fondamenti della TC. Gli scritti dello psicologo cognitivo George Kelly hanno avuto un impatto notevole, in particolare la sua teoria dei costrutti personali, che, insieme all'idea di schema di Piaget, si è evoluta nella definizione di schema simile di Beck. La teoria cognitiva delle emozioni di Richard Lazarus, l' approccio alla risoluzione dei problemi di Goldfried e D'Zurilla, i modelli di autogestione di Albert Bandura, e Donald Meichenbaum, insieme a scrittori orientati alla cognizione, come Arnold Lazarus, anche ha influenzato la teoria e la terapia cognitiva. L'enfasi di CT su un approccio di problem solving ai problemi coscienti è stata adottata anche dalla terapia razionale-emotiva-comportamentale di Ellis.

L'approccio scientifico adottato dalla terapia comportamentale ha contribuito a diverse procedure e strategie terapeutiche, come la struttura della sessione , la maggiore attività del terapeuta, la definizione degli obiettivi di trattamento per l'intera terapia, nonché un ordine del giorno per ogni sessione, la formulazione e test di ipotesi, l'elicitazione del feedback, l'uso di tecniche di problem solving e formazione sulle abilità sociali, l' assegnazione di compiti a casa ed esperimenti tra le sessioni e la misurazione delle variabili e dei risultati di mediazione. Tuttavia, da un punto di vista filosofico, la TC può essere vista come molto più umanistica, esplorativa, poiché funziona con costrutti come la mente e si occupa di sentimenti e pensieri, mentre molti considererebbero la terapia comportamentale troppo meccanicistica.

2. Principi di CT

Ancora una volta, seguendo l'approccio dell'elaborazione delle informazioni, il principio principale della TC è che il modo in cui gli individui percepiscono ed elaborano la realtà influenzerà il modo in cui si sentono e si comportano. Pertanto, l'obiettivo terapeutico della TC, sin dalle sue origini, è stato quello di riformulare e correggere questi pensieri distorti e cercare collaborativamente soluzioni pragmatiche per generare cambiamenti comportamentali e migliorare i disturbi emotivi.

La terapia cognitiva postula che ci sono pensieri ai margini della consapevolezza che si verificano spontaneamente e rapidamente e sono un'interpretazione immediata di una data situazione. Questi sono chiamati pensieri automatici e si distinguono dal flusso ordinario di pensieri osservato nel pensiero riflessivo o nella libera associazione. Sono generalmente accettati come plausibili e la loro accuratezza è data per scontata. La maggior parte delle persone non è immediatamente consapevole della presenza di pensieri automatici, a meno che non sia addestrata a monitorarli e identificarli. Secondo Beck, "è tanto possibile percepire un pensiero, concentrarsi su di esso e valutarlo quanto identificare e riflettere su una sensazione come dolore".

Alle radici di queste interpretazioni automatiche distorte ci sono pensieri disfunzionali più profondi chiamati schemi (chiamati anche credenze fondamentali e usati in modo intercambiabile da molti autori). Come definito da Clark, gli schemi Beck & Alford sono " strutture cognitive interne relativamente durature di caratteristiche generiche o prototipiche memorizzate di stimoli, idee o esperienze che vengono utilizzate per organizzare nuove informazioni in modo significativo determinando in tal modo come i fenomeni vengono percepiti e concettualizzati". Una volta che una particolare convinzione di base si è formata, può influenzare la successiva formazione di nuove credenze correlate e, se persistono, vengono incorporate nella struttura o schema cognitivo duraturo. Le credenze fondamentali incorporate in queste strutture cognitive modellano lo stile di pensiero di un individuo e favoriscono gli errori cognitivi riscontrati in psicopatologia.

Gli schemi vengono acquisiti nelle prime fasi dello sviluppo di un individuo e agiscono come "filtri" attraverso i quali vengono elaborate le informazioni e l'esperienza correnti. Queste convinzioni sono modellate da esperienze personali e derivano dall'identificazione con altri significativi e dalla percezione degli atteggiamenti di altre persone nei loro confronti. L' ambiente del bambino facilita l'emergere di particolari tipi di schemi o tende a inibirli. Gli schemi di individui ben adattati consentono valutazioni realistiche, mentre quelli di individui disadattati portano a distorsioni della realtà, favorendo, a loro volta, disturbi psicologici.

Gli schemi hanno una varietà di proprietà, come permeabilità, flessibilità, ampiezza, densità e anche un grado di carica emotiva, che può determinare le difficoltà o le strutture incontrate nel processo di trattamento . Anche se latenti o inattivi in determinati momenti, gli schemi, ad esempio "Non sono amabile", sono attivati da situazioni particolari analoghe a quelle prime esperienze che hanno generato lo sviluppo dello schema. Associate a queste convinzioni fondamentali disfunzionali ci sono credenze condizionali individuali subordinate che portano a presupposti come "Se non ho una moglie amorevole, non sono niente" e regole come "Un uomo non può vivere senza moglie".

L'attivazione di questi schemi interferisce con la capacità di valutazione oggettiva degli eventi e il ragionamento viene compromesso. Distorsioni cognitive sistematiche (p. Es., Catastrofismo, ragionamento emotivo e astrazione selettiva) si verificano quando vengono attivati schemi disfunzionali. Come tentativi di affrontare strategie per evitare di entrare in contatto con le loro convinzioni fondamentali e sottostanti, i pazienti possono impegnarsi in strategie compensative . Sebbene queste manovre cognitive e comportamentali allevino momentaneamente la loro sofferenza emotiva, a lungo termine le strategie compensatorie possono rafforzare e peggiorare le convinzioni disfunzionali .

Esiste una relazione reciproca tra affetto e cognizione, poiché l'aumento del deterioramento emotivo e cognitivo può derivare da un rafforzamento dell'altro. Un'ipotesi cruciale del modello cognitivo è stata l'idea che certe convinzioni costituiscano una vulnerabilità ai disturbi emotivi (modello stress-diatesi). Ad esempio, se un individuo ha una vulnerabilità cognitiva a temi di perdita e fallimento, le conseguenze emotive e comportamentali includeranno tristezza, senso di disperazione e ritiro sociale, come si riscontra nella depressione. Se altri individui hanno convinzioni orientate al pericolo , l'ansia prevarrà e li predisporrà a restringere la loro attenzione alla minaccia percepita, a fare interpretazioni catastrofiche di stimoli ambigui o addirittura neutri e ad impegnarsi in "comportamenti di sicurezza" disfunzionali ; saranno spinti a cercare scappatoie o evitare il rischio di percepito rifiuto, imbarazzo o morte.

I pregiudizi orientati al pericolo - che si verificano automaticamente e non sono necessariamente sotto controllo cosciente - si trovano in ogni fase dell'elaborazione delle informazioni (percezione, interpretazione e richiamo) in tutti i disturbi d'ansia. Nei pazienti con vulnerabilità a temi di umiliazione, ingiustizia o simili, la rabbia sarà il tono e una risposta comportamentale in modo ritorsivo potrebbe essere giustificata come autodifesa. Ogni disturbo di personalità è anche caratterizzato da uno specifico insieme personale di disfunzioni cognitive contenuti, come difetti, abbandono, dipendenza o bisogno di uno status speciale , che costituiscono la vulnerabilità cognitiva dell'individuo.

Quando viene attivato da eventi esterni, farmaci o fattori endocrini, questi schemi tendono a polarizzare l'elaborazione delle informazioni e producono il contenuto tipico cognitivo di un disturbo specifico, con una propria cognitivo costellazione e insieme idiosincratica di sintesi beliefs.

Il modello di vulnerabilità alla depressione di Beck è stato perfezionato per suggerire che le convinzioni predisponenti potrebbero essere differenziate a seconda che la personalità del paziente fosse principalmente autonoma o sociotropica .

Gli individui autonomi diventerebbero più probabilmente depressi a seguito di un evento autonomo (ad esempio, un fallimento personale percepito) che a seguito di un evento sociotropico (ad esempio, la perdita di una relazione), e il contrario sarebbe vero per gli individui sociotropi .

3. Procedure e tecniche

La TC non è un insieme di tecniche applicate meccanicamente come si potrebbe pensare a prima vista. La competenza del terapeuta in una gamma completa di abilità terapeutiche è necessaria per garantire l'efficacia delle procedure TC.

Come sottolinea Beck, in primo luogo e principalmente, per realizzare lo sforzo terapeutico , è importante stabilire un buon rapporto di lavoro con il paziente, una procedura terapeutica chiamata empirismo collaborativo . Il paziente e il terapeuta lavorano come un team di scienziati nel valutare le convinzioni del paziente, testandole per vedere se sono accurate o meno e modificandole in base alla realtà.

In secondo luogo, il terapeuta utilizza l'interrogatorio socratico come mezzo per guidare il paziente in un interrogatorio consapevole che consentirà ai pazienti di avere una visione approfondita del loro pensiero distorto, una procedura chiamata scoperta guidata.

Durante il trattamento, viene utilizzato l'approccio collaborativo e psicoeducativo al trattamento, con esperienze di apprendimento specifiche progettate per insegnare ai clienti a:

1) monitorare e identificare i pensieri automatici ;

2) riconoscere le relazioni tra cognizione, affetto e comportamento;

3) testare la validità dei pensieri automatici e delle convinzioni fondamentali ;

4) correggere concettualizzazioni distorte sostituendo pensieri distorti con cognizioni più realistiche; e

5) identificare e alterare convinzioni, supposizioni o schemi che sono alla base di modelli di pensiero errati

A differenza delle terapie psicoanalitiche, le sessioni di TC hanno una struttura in cui il terapista cognitivo svolge un ruolo attivo nell'aiutare il paziente a identificare e concentrarsi su aree importanti, proporre e provare tecniche cognitive e comportamentali specifiche e pianificare in modo collaborativo i compiti tra le sessioni. Viene discusso con il paziente un piano di trattamento per l'intera terapia e l'agenda di ciascuna sessione e viene richiesto di routine un feedback dei pensieri del paziente sulla sessione in corso e sull'intero trattamento al fine di creare l'opportunità di trattare e gestire eventuali idee sbagliate e malintesi che potrebbero sorgere nel corso della terapia. Il terapista cognitivo deve essere un buon stratega per ideare procedure terapeutiche specifiche che abbiano maggiori possibilità di produrre cambiamenti specifici per quel particolare paziente.

La TC incoraggia i loro pazienti ad adottare l' approccio empirico di risoluzione dei problemi degli scienziati, e il terapeuta funge da modello per i loro pazienti instillando autoefficacia, entusiasmo e speranza per l'impegnativo lavoro di cambiamento delle cognizioni disadattive . Sebbene il transfert, come definito nel concetto psicoanalitico , non sia incoraggiato, la sua manifestazione potrebbe essere uno strumento prezioso per dimostrare ai pazienti le loro distorsioni interpersonali.

Allo stesso modo, qualsiasi manifestazione di resistenza al trattamento viene trattata e trattata come convinzioni disfunzionali sottostanti.

4. Concettualizzazione del caso

Fin dall'inizio del trattamento, il terapeuta sviluppa (idealmente in modo collaborativo, come sempre) una concettualizzazione cognitiva per il singolo paziente. La concettualizzazione del caso è un lavoro continuo durante tutto il corso del trattamento; Man mano che nuovi importanti dati clinici vengono introdotti nella terapia, la concettualizzazione cognitiva verrà modificata e aggiornata secondo necessità mentre il trattamento progredisce.

Per preparare un piano di trattamento, è fortemente necessaria una concettualizzazione del caso individuale , in quanto guida gli interventi terapeutici.

La concettualizzazione del caso contiene sia una valutazione storica che prospettica dei modelli di pensiero e degli stili di pensiero. Ricercando e assemblando denominatori cognitivi comuni attraverso diverse situazioni di vita e la valutazione di essi da parte del paziente, è possibile identificare un modello cognitivo . Comprenderà una comprensione dell'insieme idiosincratico di credenze disfunzionali, vulnerabilità specifiche individuali e strategie comportamentali che i pazienti utilizzano nel tentativo di far fronte alle loro convinzioni fondamentali.

5. Tecniche cognitive e comportamentali

La separazione degli interventi TC in tecniche cognitive e tecniche comportamentali è solo a scopo istruttivo, in quanto molte delle tecniche influenzano sia i processi di pensiero del paziente che i modelli comportamentali. Come sappiamo, il cambiamento cognitivo favorisce il cambiamento comportamentale e viceversa. È possibile utilizzare diverse tecniche a seconda del profilo cognitivo del disturbo, della fase della terapia e della concettualizzazione cognitiva specifica di un dato caso. Le tecniche comportamentali potrebbero essere più utilizzate nei casi di depressione grave in cui è necessario promuovere l' attivazione comportamentale del paziente. Al contrario, quando il paziente non necessita principalmente di attivazione comportamentale, possono essere applicate procedure più puramente cognitivamente orientate. Per i pazienti con disturbi d' ansia, sarà probabilmente necessaria una comprensione dei principi fondamentali del modello cognitivo prima dell'introduzione di qualsiasi esperimento comportamentale.

Nella TC viene utilizzata una varietà di tecniche cognitive, come l'identificazione, l'interrogatorio e la correzione di pensieri automatici, la riattribuzione e la ristrutturazione cognitiva, le prove cognitive e altre procedure terapeutiche per l'immaginazione. Tra le tecniche comportamentali, ci sono, ad esempio, pianificazione delle attività, valutazioni di padronanza e piacere, incarichi comportamentali graduali, esperimenti di test di realtà, giochi di ruolo, formazione sulle abilità sociali e tecniche di risoluzione dei problemi. Presenteremo prima brevemente un piccolo campione di tecniche cognitive.

Il trattamento iniziale si concentra sull'aumento della consapevolezza dei pazienti sui pensieri automatici e il lavoro ulteriore si concentrerà sulle convinzioni fondamentali e sottostanti. Il trattamento può iniziare identificando e mettendo in discussione i pensieri automatici, cosa che può essere eseguita in modi diversi. Il terapeuta può guidare i pazienti a valutare i loro pensieri automatici, specialmente quando c'è un'eccitazione emotiva percepita durante la sessione, semplicemente chiedendo:

"Cosa ti passa per la mente?", O qualsiasi variazione di questa domanda.

Le distorsioni cognitive possono essere svelate chiedendo, ad esempio,

"Quali sono le prove per la tua conclusione?",

"Stai omettendo prove contraddittorie?",

"La tua conclusione segue logicamente le osservazioni che hai fatto?",

"Ci sono spiegazioni alternative che possono essere più accurate nello spiegare questo particolare episodio?".

Quando viene chiesto di riflettere su spiegazioni alternative, i pazienti possono rendersi conto che le loro spiegazioni iniziali si sono evolute attraverso inferenze non valide, il che li porta a pensare a diverse interpretazioni degli eventi, attribuendo loro così nuove attribuzioni e significati.

La maggior parte delle persone non sa che i pensieri automatici negativi precedono i sentimenti spiacevoli e le inibizioni comportamentali e che le emozioni sono coerenti con il contenuto dei pensieri automatici.

Per aumentare la loro consapevolezza di questi pensieri, i pazienti possono imparare a seguirli e con un addestramento sistematico individuare quale tipo di pensieri si è verificato immediatamente prima di un'emozione, un comportamento e una reazione fisiologica come conseguenze di quel pensiero (sequenza ABC di Ellis). Il Dysfunctional Thought Record (DTR) può essere utilizzato per tenere traccia dei pensieri che sono stati attivati dalla situazione di stimolo e che hanno generato l'emozione e il comportamento conseguenti. Un esercizio di DTR può consentire ai pazienti di scoprire, chiarire e modificare i significati che hanno assegnato a eventi sconvolgenti e di comporre una risposta alternativa o razionale. A volte, il semplice compito di identificare gli errori cognitivi, da solo o in combinazione con la compilazione di un DTR, potrebbe essere un buon esercizio su cui lavorare in ufficio o come compito a casa.

Affinché si verifichino cambiamenti strutturali, devono andare ben oltre il cambiamento degli errori cognitivi associati a una sindrome specifica. Solo attraverso l'analisi e la correzione delle convinzioni più radicate, cambiando l'organizzazione di queste convinzioni, è possibile realizzare la ristrutturazione cognitiva . Il trattamento deve concentrarsi sulle convinzioni fondamentali del paziente , come "Non sono amabile", e sulle convinzioni sottostanti, come "Se non ho una moglie, allora sono un fallimento" che vengono rivalutate nello stesso modo come pensieri automatici, ciò significa cercare prove che li supportino e correggerli con test di realtà.

Le prove cognitive sono una tecnica di immaginazione ideata per aiutare i pazienti a sperimentare le loro situazioni temute immaginando che si stiano verificando proprio in quel momento. In ufficio o come incarico tra le sessioni , ai pazienti viene chiesto di "vivere" la situazione temuta nelle immagini e costruire le migliori strategie di coping per superarla con successo. Allo stesso modo, attraverso le immagini, i pazienti possono provare la risoluzione dei problemi e l'addestramento all'assertività secondo necessità per superare le loro situazioni problematiche.

Le tecniche comportamentali sono integrate in un programma di trattamento TC in molte forme diverse. Quando i pazienti cronici e gravemente depressi vedono il loro livello di attività ridotto e sono riluttanti a impegnarsi in qualsiasi obiettivo perché hanno basse aspettative su qualsiasi risultato, dovrebbero essere promosse procedure di attivazione comportamentale.

Ad esempio, terapeuta e paziente possono assegnare esperimenti in modo collaborativo per vedere se le aspettative negative del paziente sono valide o derivano da inferenze sbagliate su se stesso, altre persone e il futuro.

Ad esempio, una donna depressa può credere di non essere più in grado di preparare un dolce domenicale che ai suoi nipoti piaceva così tanto; anzi, crede addirittura di non riuscire a stare fuori dal letto abbastanza a lungo da fare quasi tutto, figuriamoci per preparare un dolce. Per raccogliere prove della sua attesa capacità di padronanza nella preparazione dei dolci e della capacità attesa di provare piacere con le sue abilità culinarie, è stimolata a valutare le sue aspettative di maestria e piacere prima di svolgere il compito la domenica mattina e confrontarle con ciò che i suoi pensieri e sentimenti effettivamente erano dopo aver completato l'attività assegnata. Probabilmente riceverà, come al solito, molti feedback positivi, che l'aiuteranno a correggere la padronanza imprecisa e le valutazioni di piacere. I pazienti depressi frequentemente hanno aspettative disfunzionali sulle loro capacità quando si sentono depressi e sono sorpresi da un risultato molto migliore di quanto si aspettassero. Quando il paziente li mette alla prova, il risultato porta una prospettiva diversa.

Poiché i pazienti sono in grado di valutare i loro pensieri in modo più oggettivo, un'intera serie di pensieri diventa ipotesi che devono essere presentate

Poiché la maggior parte dei pazienti ha bisogno di procedere a piccoli passi, una serie di incarichi comportamentali graduali sono adattati ai singoli pazienti per promuovere progressivamente maggiori esperienze di successo senza travolgerli con compiti più grandi delle loro attuali capacità di coping.

Gran parte della terapia cognitiva è dedicata alle tecniche di risoluzione dei problemi; i pazienti impareranno a seguire i passaggi necessari, come la definizione del problema, la generazione di modi alternativi per risolverlo e l'implementazione di soluzioni alternative. La formazione sulle abilità sociali può essere uno strumento necessario come parte del piano di trattamento. Un paziente che teme le situazioni sociali e ha scarse prestazioni sociali trarrà beneficio dal gioco di ruolo della situazione temuta con il terapeuta per sviluppare abilità sociali inibite e superare il problema. Il terapeuta funge da modello di ruolo in modo che i pazienti possano imparare a comportarsi socialmente. Dopo un sufficiente gioco di ruolo in ufficio, i pazienti vengono stimolati a eseguire in situazioni di vita reale ciò che hanno costruito in ufficio.

La terapia cognitiva è stata sviluppata per l'applicazione in formati individuali, di gruppo, di coppia e familiari, per adulti, adolescenti e bambini, in una varietà di contesti clinici. Le indicazioni per la terapia cognitiva sono determinate dalle variabili del paziente e del terapeuta, piuttosto che dalla natura del disturbo

Studi sui risultati della TC / CBT

Quanto è efficace per quali disturbi e per quanto tempo è efficace la CBT rispetto ad altre procedure? Butler e Beck et al. hanno esaminato le meta-analisi dei risultati del trattamento della CBT / TC per un'ampia gamma di disturbi psichiatrici e condizioni mediche. Una ricerca in letteratura dal 1967 al 2003 ha raccolto un totale di 16 meta-analisi metodologicamente rigorose comprendenti più di 9000 soggetti di 330 studi. La revisione si è concentrata sulle dimensioni degli effetti che hanno messo a confronto i risultati della CBT con i risultati per i gruppi di controllo per ciascun disturbo, fornendo una panoramica dell'efficacia della CBT / CT. Poiché le revisioni della letteratura generalmente combinano studi etichettati CBT e CT nell'ambito della CBT, i risultati di queste revisioni sono stati raggruppati e, quando possibile, hanno individuato gli studi CT più evidenti. Tra i limiti dell'approccio meta-analitico vi sono i presupposti di uniformità tra gli studi nei campioni, nel contenuto della terapia e nei terapisti.

I risultati di Butler et al rivelano che sono state trovate grandi dimensioni dell'effetto (grande media = 0,90) per la depressione unipolare degli adulti, la depressione unipolare degli adolescenti , il disturbo d'ansia generalizzato, il disturbo di panico con o senza agorafobia, la fobia sociale, il disturbo da stress post-traumatico e l'infanzia disturbi depressivi e d'ansia. La dimensione dell'effetto medio ponderata per il confronto per questi disturbi rispetto ai controlli senza trattamento, in lista d'attesa o con placebo è 0,95 (DS = 0,08). La CBT è associata a grandi miglioramenti nei sintomi della bulimia nervosa e le dimensioni degli effetti associati (M = 1,27, SD = 0,11) sono significativamente maggiori di quelle trovate per la farmacoterapia. Sono state ottenute dimensioni dell'effetto moderate (M = 0,62, SD = 0,11) confrontando la TC con i controlli per angoscia coniugale, rabbia, disturbi somatici infantili e diverse variabili del dolore cronico (ad esempio, comportamento di espressione del dolore, livello di attività, funzionamento del ruolo sociale e coping cognitivo e valutazione) .

La TC è stata riscontrata in qualche modo superiore agli antidepressivi nel trattamento della depressione unipolare degli adulti (ES = 0,38) ed è stata ugualmente efficace come terapia comportamentale nel trattamento della depressione negli adulti (ES = 0,05) e nel disturbo ossessivo-compulsivo (ES = 0,19). L'efficacia della TC per i molestatori sessuali è relativamente bassa (ES = 0,35); tuttavia, in combinazione con i trattamenti ormonali , è il trattamento più efficace per ridurre la recidiva in questa popolazione. Infine, la revisione ha riportato che la TC è risultata superiore alla terapia di supporto / non direttiva in due confronti per la depressione adolescenziale (ES = 0,84) e due confronti per il disturbo d'ansia generalizzato (ES = 0,71).

La CBT ha anche mostrato risultati promettenti in aggiunta alla farmacoterapia nel trattamento della schizofrenia: la dimensione media dell'effetto non controllato di 1,23 per la CBT si confronta favorevolmente con una dimensione dell'effetto di 0,17 per i pazienti schizofrenici che ricevono solo cure di routine. La TC / CBT può anche avere un ruolo terapeutico nella prevenzione delle ricadute della schizofrenia, come riportato in uno studio controllato randomizzato di TC con gruppi ad alto rischio.

I risultati di altre meta-analisi indicano anche che i protocolli CT / CBT sono più efficaci nel ridurre i sintomi di panico e ansia rispetto ai trattamenti farmacologici. L'efficacia della TC specifica per il disturbo di panico è stata supportata da diversi studi. Due meta-analisi della TC e della CBT hanno dimostrato l'efficacia di questi approcci per la fobia sociale, e hanno scoperto che un approccio TC "puro" era più efficace della fluoxetina. La TC standard per il disturbo d'ansia generalizzato ha dimostrato di avere un chiaro vantaggio sul comportamento terapia al follow-up.

Il mantenimento degli effetti della TC su molti disturbi per periodi sostanziali oltre la cessazione del trattamento è stato supportato dalle meta-analisi riviste. Sono state trovate prove significative per l' efficacia a lungo termine per la depressione, l'ansia generalizzata, il panico, la fobia sociale , il disturbo ossessivo compulsivo, i reati sessuali, la schizofrenia e i disturbi interiorizzanti dell'infanzia . Nei casi di depressione e panico, ci sono prove meta-analitiche solide e convergenti che la TC produce una persistenza degli effetti a lungo termine di gran lunga superiore, con tassi di ricaduta pari alla metà di quelli della farmacoterapia.

Un'altra meta-analisi ha riunito diciassette studi con pazienti depressi e ha scoperto che la TC aveva una superiorità minima rispetto ai farmaci antidepressivi (ADM) con ES = 0,38. Un recente studio su soggetti moderatamente depressi condotto da DeRubeis et al. ha rilevato che TC e ADM avevano un'efficacia equivalente, ma la TC ha ottenuto risultati migliori per quanto riguarda la prevenzione delle ricadute. I pazienti gravemente depressi hanno avuto esiti positivi con la TC come con l'ADM in una meta-analisi di 4 studi. Inoltre, la TC è risultata efficace nel trattamento della depressione atipica.

Per il disturbo bipolare, è stata anche segnalata l'applicazione della TC come trattamento aggiuntivo nella prevenzione delle ricadute, nonché il suo rapporto costo-efficacia . Lam et al., in uno studio controllato randomizzato di CBT per la prevenzione delle ricadute nel disturbo bipolare, hanno scoperto che i pazienti trattati con CBT hanno avuto esiti significativamente migliori (p. Es., Episodi bipolari sempre più brevi, meno ricoveri ospedalieri, meno variabilità nei sintomi maniacali ecc.) a 1 anno di follow-up.

Alcune altre applicazioni empiricamente supportate della TC / CBT includono anoressia nervosa, disordine dismorfico del corpo, accumulo patologico, gioco d'azzardo patologico, disturbo da stress post-traumatico nei bambini maltrattati, disturbo ossessivo - compulsivo nei bambini e disturbo affettivo stagionale.

Studi randomizzati controllati hanno anche fornito un forte supporto empirico per l'efficacia degli interventi cognitivi, spesso in aggiunta alla terapia, nel trattamento di una vasta gamma di condizioni mediche tra cui malattie cardiache, ipertensione, cancro, mal di testa, dolore cronico, lombalgia cronica , sindrome da stanchezza cronica, artrite reumatoide, sindrome premestruale e sindrome dell'intestino irritabile.

Ulteriori studi sui risultati hanno documentato il ruolo benefico della TC per i pazienti con vari disturbi medici nel ridurre la depressione e migliorare la qualità generale della vita

Negli ultimi anni, studi di ricerca hanno trovato correlati neuropsicologici del pensiero e delle convinzioni disfunzionali nella depressione. Sono stati dimostrati anche studi di neuroimaging a supporto degli effetti della terapia cognitiva nei cambiamenti fisiologici e funzionali cerebrali associati alla TC. Sebbene molto interessanti risultati, l' argomento va oltre lo scopo di questo capitolo di revisione. Da notare, tuttavia, il fatto che studi di questa natura possono espandere notevolmente la nostra comprensione della relazione mente-cervello e di come le tecniche cognitive e comportamentali influenzano la funzione cerebrale.

Conclusioni

Non c'è dubbio che l'approccio cognitivo di Beck rappresenti un passaggio teorico alla comprensione e al trattamento dei disturbi emotivi. Oltre 40 anni dopo la pubblicazione della teoria cognitiva della depressione , la terapia cognitiva è diventata l' approccio psicoterapeutico più importante e meglio convalidato, e con il recente movimento verso la pratica basata sull'evidenza, CT ha guadagnato un'attenzione preminente. Nuove applicazioni della TC vengono sviluppate per un'ampia gamma di condizioni psicologiche e mediche , sebbene i fondamenti teorici del modello cognitivo rimangano invariati. Come sottolinea Beck, "i costanti progressi nella ricerca e nella pratica evidenziati nel corso della storia del cognitivo-comportamentale le terapie possono essere prese come un'indicazione che il futuro del campo sarà senza dubbio testimone di continui progressi ".

Terapia senza terapista?

Fare la terapia cognitivo-comportamentale (CBT) da solo può essere efficace.

È ampiamente riconosciuto che alcune sessioni di terapia cognitivo-comportamentale (o CBT) possono essere molto utili nel trattamento dell'ansia e della depressione che così tante persone sperimentano. Tuttavia, molte persone non hanno accesso a un terapista CBT. Può anche essere difficile prendere una pausa dal lavoro retribuito ogni settimana per vedere un terapista.

Se sei interessato alla CBT per l'ansia o la depressione e non sei in grado di vedere un terapista della CBT, fatti coraggio, potresti non averne bisogno. Molti studi hanno dimostrato che la CBT auto-diretta può essere molto efficace.

Ad esempio, una revisione di 33 studi ha rilevato che il trattamento di autoaiuto ha portato a riduzioni significative dell'ansia; un'altra revisione di 34 studi sulla depressione ha trovato benefici simili della terapia auto-diretta, in particolare quando i trattamenti utilizzavano tecniche di CBT. Entrambe le revisioni hanno rilevato che, in media, i trattamenti di auto-aiuto sono stati moderatamente utili. In altre parole, le persone che hanno eseguito il trattamento si sentivano sostanzialmente meglio, forse non come "una nuova persona", ma una versione di se stessi notevolmente meno ansiosa o depressa.

I dati di questi studi suggeriscono anche che le persone che fanno la CBT di auto-aiuto per l'ansia e la depressione tendono a mantenere i loro progressi nel tempo, il che è molto incoraggiante. Uno degli obiettivi principali della CBT è che tu "diventi il tuo terapeuta" apprendendo abilità che puoi continuare a praticare dopo aver terminato il trattamento. Questi studi dimostrano che le persone che apprendono le abilità CBT da sole possono utilizzare queste abilità per continuare a sentirsi bene.

Questo significa la fine per i terapeuti? Certamente no. Uno degli altri risultati degli studi sopra è che la CBT con un terapeuta tende ad essere più efficace della CBT di auto-aiuto, quindi può esserci un ulteriore vantaggio nel lavorare direttamente con qualcuno. Auto-aiuto trattamento può essere fatto anche con una quantità limitata di input da un professionista, ad esempio, una breve telefono chiama ogni settimana che può fornire una spinta in più rispetto alla sola auto-aiuto. Sospetto che l'ulteriore vantaggio derivante dal lavorare con un terapeuta derivi non solo dall'avere il contributo di un esperto, ma anche dall'incoraggiamento costante di una persona premurosa.

La CBT di auto-aiuto fa parte di un movimento verso la cura graduale, in cui l'obiettivo è quello di abbinare l'intensità del trattamento ai bisogni di una persona. Qualcuno che è gravemente depresso e riesce a malapena ad alzarsi dal letto probabilmente non è adatto alla CBT auto-diretta e probabilmente avrà bisogno di un trattamento individuale con un professionista. All'altro estremo dello spettro, una persona con ansia o depressione da lieve a moderata che è generalmente in grado di funzionare bene può essere un buon candidato per un'opzione meno intensa come un libro sulla CBT.

Le tecniche cognitive includono:

- Imparare a identificare i tuoi schemi di pensiero.

- Scoprire come i tuoi pensieri influenzano i tuoi sentimenti e comportamenti.
- Determinare se i tuoi pensieri sono accurati.
- Sostituire i pensieri di parte con altri più realistici.

Le tecniche comportamentali comuni includono:

- Pianificare attività per te stesso che ti portino divertimento e senso di realizzazione.
- Riconoscere come le tue azioni influenzano i tuoi pensieri e le tue emozioni.
- Pianificazione di modi per utilizzare al meglio il proprio tempo.
- Suddividi compiti grandi e scoraggianti in compiti più piccoli e più gestibili.
- Affrontare le tue paure gradualmente e sistematicamente in modo che diminuiscano.

Come probabilmente avrai notato, questi approcci sono abbastanza semplici e ovvi. In effetti, molto di ciò che mi ha portato alla CBT all'inizio della mia formazione universitaria è stato quanto fosse semplice e intuitivo, e queste caratteristiche lo rendono adatto alla terapia auto-diretta. Come ho scritto prima, ciò che rende efficace la CBT non è tanto la novità degli interventi, ma l'approccio sistematico e l'enfasi sulla pratica.

Fai spazio nella tua vita per iniziare oggi. Ci sono momenti migliori e peggiori per affrontare qualsiasi tipo di terapia. Anche se ci sono buone probabilità che tu abbia sempre attività in competizione, è meglio evitare i momenti in cui sei veramente troppo teso e la terapia rischia di essere messa da parte.

Segui il programma il più fedelmente possibile. È facile essere tentati di saltare parti di un programma di auto-aiuto che pensiamo non funzionerà o che pensiamo di conoscere già. Uno dei pericoli è che se troviamo un programma che non aiuta, non sapremo se è perché non era giusto per noi o perché ne abbiamo fatto solo due terzi. L'aderenza alle istruzioni ci offre le migliori possibilità di trarre vantaggio e sapere cosa funziona davvero per noi.

In un periodo di forte ansia, aumento dei tassi di depressione, aumento dei costi sanitari e copertura assicurativa limitata per la salute mentale, i trattamenti psicologici auto-diretti hanno molti vantaggi. Completare un programma adatto a te può ridurre la tua ansia, migliorare il tuo umore e fornirti abilità che puoi usare tutte le volte che ne hai bisogno.

Terapia cognitivo-comportamentale per la depressione e l'ansia

La CBT è un'ottima opzione se stai lottando con la depressione o l'ansia

Esistono molti approcci diversi alla psicoterapia. Alcuni terapisti si identificano con un approccio o orientamento particolare, mentre altri attingono da una varietà di approcci diversi. La terapia cognitivo-comportamentale (CBT) è un orientamento specifico della psicoterapia che cerca di aiutare le persone a cambiare il modo in cui pensano.

Terapia comportamentale cognitiva

La terapia cognitivo-comportamentale si basa sulla teoria cognitiva ed è stata sviluppata da Aaron Beck per l'ansia e la depressione. La CBT è una miscela di terapie cognitive e comportamentali che aiutano i pazienti a sintonizzarsi con il loro dialogo interno al fine di cambiare i modelli di pensiero disadattivi.

Beck ha sviluppato procedure specifiche per aiutare a sfidare le supposizioni e le convinzioni di un cliente depressivo e aiutare i pazienti a imparare come cambiare il loro pensiero per essere più realistici e quindi portare a sentirsi meglio. C'è anche un'enfasi sulla risoluzione dei problemi e sul cambiamento dei comportamenti ei clienti sono incoraggiati ad assumere un ruolo attivo nella loro terapia.

Altri tipi di terapia cognitivo-comportamentale

Un tipo di CBT è la terapia comportamentale emotiva razionale (REBT), sviluppata da Albert Ellis. Ellis ritiene che le emozioni forti derivino da un'interazione tra gli eventi nell'ambiente e le nostre convinzioni e aspettative. Alcune di queste convinzioni possono essere troppo forti o rigide.

Ad esempio, mantenendo la convinzione che tutti dovrebbero piacere a te. Con REBT, impareresti a cambiare quella convinzione in modo che sia meno estrema e con meno probabilità di interferire con la tua vita. La tua convinzione potrebbe quindi cambiare nel volere che le persone ti piacciano, ma rendendoti conto che non tutti lo faranno.

Un'altra forma di CBT è la terapia comportamentale dialettica (DBT), che è stata sviluppata da Marsha Linehan principalmente per essere utilizzata per i pazienti con disturbo borderline di personalità (BPD) .La DBT enfatizza il lavoro sull'accettazione di pensieri e sentimenti invece di cercare di combatterli. L'obiettivo è far sì che i pazienti accettino i loro pensieri e sentimenti in modo che possano eventualmente cambiarli.

La terapia di prevenzione dell'esposizione e della risposta (ERP) è ancora un altro tipo di CBT che viene solitamente utilizzato per il disturbo ossessivo-compulsivo (DOC). In questa terapia, i pazienti sono esposti alle situazioni o agli oggetti che causano loro più paura (ossessioni) ma non sono in grado di impegnarsi in comportamenti che aiutano ad alleviare l'ansia che provano (compulsioni).

Ad esempio, se hai paura dei germi, durante l'ERP, il tuo terapista potrebbe farti toccare i soldi e poi non lavarti le mani per un determinato periodo di tempo. Praticare questo più e più volte ti aiuta ad acquisire sicurezza nell'affrontare l'ansia che l'accompagna e può aiutare notevolmente ad alleviare i sintomi del disturbo ossessivo compulsivo con esposizione ripetuta.

La CBT funziona per la depressione?

È stato difficile ricercare l'efficacia della psicoterapia poiché il termine può riferirsi a così tante attività diverse. La terapia cognitivo-comportamentale, tuttavia, si presta bene alla ricerca e ha dimostrato scientificamente di essere efficace nel trattamento dei sintomi della depressione e dell'ansia.

Tende ad essere di breve o moderata durata, in contrasto con alcuni altri orientamenti a causa della sua attenzione al presente, nonché alla risoluzione dei problemi. La sua missione di educare il paziente a imparare a diventare il proprio terapeuta lo rende anche un trattamento a lungo termine.

Farmaci o psicoterapia?

La depressione e l'ansia possono essere trattate con farmaci o psicoterapia, o entrambi. Alcune ricerche hanno dimostrato che la combinazione di farmaci e terapia può essere particolarmente efficace.

Le compagnie di assicurazione a volte incoraggiano i medici di famiglia a prescrivere farmaci piuttosto che rivolgersi a un professionista della salute mentale per la psicoterapia. Ci sono momenti in cui questo può essere appropriato, ma ci sono altri momenti in cui la psicoterapia è chiaramente indicata.

Se stai assumendo un antidepressivo o un farmaco per l'ansia e ritieni che parte del problema non venga affrontato, valuta la possibilità di chiedere aiuto a un professionista della salute mentale.

Se sei interessato a provare la terapia cognitivo comportamentale, potresti parlare con il tuo medico. Il tuo medico potrebbe essere in grado di indirizzarti a un terapista, oppure puoi utilizzare una directory online o cercare un terapista online.

Tieni presente che non tutti i terapisti usano la terapia cognitivo comportamentale, quindi è importante chiedere che tipo di terapia usano prima di fissare il tuo primo appuntamento.

Gli effetti della terapia cognitivo comportamentale (CBT) per la depressione

La terapia cognitivo comportamentale (CBT) è una forma di terapia verbale usata per trattare molte diverse malattie di salute mentale; aiutare le persone con condizioni come la depressione a imparare a cambiare i loro schemi di pensiero tipici in modo che abbiano l'opportunità di pensare in modo più positivo.

La CBT è il risultato della ricerca del dottor Aaron T. Beck presso l'Università della Pennsylvania negli anni '60, dove ha scoperto che molti concetti di depressione all'epoca non erano veri.

Ha scoperto che molti pazienti depressi hanno sperimentato pensieri negativi su se stessi, sul mondo o sul futuro. Beck ha quindi iniziato ad aiutare le persone a valutare questi pensieri e pensare in modo più realistico a come si sentivano su se stessi e il mondo che li circonda.

Utilizzando questi risultati, i metodi della terapia cognitiva precoce (CT) e della terapia comportamentale (BT) si sono sviluppati fino a diventare noti ai giorni nostri come CBT, con oltre 1.000 studi che ne dimostrano l'efficacia.

Se hai regolarmente pensieri negativi come sintomo della depressione, come "che senso ha alzarti dal letto?" oppure "i miei colleghi penseranno che sono inutile, qualunque cosa faccia", allora partecipare a sessioni di CBT può essere particolarmente utile.

Un terapista lavorerà con te per identificare eventuali pensieri negativi o irrazionali ricorrenti che potresti avere, nonché il modo in cui influenzano i tuoi comportamenti , e lavorerà gradualmente per sostituire queste convinzioni con pensieri più sani e più pratici.

Poiché il tuo atteggiamento verso te stesso e la tua posizione nel mondo che ti circonda influisce direttamente sul modo in cui ti comporti, i cambiamenti che la CBT può fornire non solo ti rendono consapevole dei pensieri negativi che stai avendo e di come influenzano le tue azioni, ma ti permettono anche di farlo agisci su di loro e cambia i tuoi schemi di pensiero che possono portare ad azioni più positive nella tua vita.

Se spesso trovi difficile motivarti al mattino, ad esempio, puoi imparare a riflettere su questi sentimenti negativi e iniziare a pensare più sulla falsariga di "Questo non mi aiuta. Se riesco ad alzarmi dal letto, so che ne sentirò i benefici ".

Come sono strutturate le sessioni?

Il trattamento per la depressione o l'ansia che include la CBT può durare da dieci a venti sessioni, che di solito saranno distribuite in modo da essere presenti per un'ora ogni settimana, per tutte le settimane ritenute necessarie dal terapeuta o consulente.

Le sessioni CBT possono essere erogate in diversi modi, tra cui:

Uno a uno - con il tuo terapista faccia a faccia, anche se può essere per telefono

In un gruppo - dove hai la possibilità di condividere e imparare da altre persone che stanno vivendo problemi di salute mentale simili

Esercitati a casa: oltre alla terapia individuale e di gruppo, ti potrebbe anche essere chiesto di svolgere esercizi nel tuo tempo libero e di praticare queste tecniche nella tua vita quotidiana

In termini di cosa aspettarsi dalla CBT se ti senti nervoso prima del tuo primo appuntamento, una tipica sessione di CBT di solito coinvolge quanto segue:

Incontrare il tuo terapista e iniziare a esplorare alcuni dei problemi, pensieri o sintomi con cui hai problemi

Delineare ciò che si desidera ottenere dalle sessioni CBT con il terapeuta e iniziare a pianificare le sessioni future

Partecipare a vari esercizi che ti aiutano a capire e riflettere su come i tuoi pensieri sono collegati alle tue emozioni e comportamenti attraverso diagrammi o fogli di lavoro

Esercizi di pratica al di fuori della sessione

Rivedere i tuoi progressi e ricapitolare ciò che è stato appreso in precedenza

Sebbene le sessioni di CBT possano continuare per settimane o mesi prima che i sintomi di depressione o ansia inizino ad alleviarsi, viene spesso citata come la forma più efficace di terapia verbale, altrimenti nota come psicoterapia, che attualmente esiste.

A seconda della gravità della tua condizione di salute mentale, la CBT può essere utilizzata anche insieme ai farmaci antidepressivi, che possono aiutare a rendere le sessioni di terapia più efficaci man mano che i sintomi della depressione sono ridotti.

Poiché molte delle tecniche per gestire i tuoi pensieri e comportamenti possono essere utilizzate a lungo termine una volta che hai completato una serie di sessioni di CBT, l'efficacia del trattamento nel prevenire il ritorno della depressione può aiutarti a ridurre l'impatto della depressione sulla tua vita. nel futuro.

La vita è una serie di alti e bassi e, come molte persone, potresti sentirti giù di tanto in tanto. Sentirsi giù, o che la vita è contro di te, è un sentimento fin troppo comune nella società odierna. Secondo i dati pubblicati dalla Anxiety and Depression Association of America, ben 14,8 milioni di adulti negli Stati Uniti sono affetti da disturbo depressivo maggiore.

Potresti lavorare più ore per la stessa paga, affrontare lo stress delle bollette o avere problemi di relazione personale. Potresti anche combattere una dipendenza da droghe o alcol. È naturale se a volte ti senti un po 'meno del 100 percento.

Tuttavia, se quella bassa sensazione di disperazione si è impadronita della tua vita e semplicemente non cambierà, potresti soffrire di depressione. La depressione può essere incredibilmente solitaria, poiché rende difficile il funzionamento "normale", al punto che il semplice passare la giornata può essere completamente opprimente e ti rivolgi a droghe e alcol per conforto.

SE TI SENTI DISPERATO E ABBATTUTO, C'È LUCE ALLA FINE DEL TUNNEL E NON DEVI SOFFRIRE IN SILENZIO.

La terapia cognitivo comportamentale per la depressione (CBT) può ripristinare il tuo entusiasmo per la vita, aiutarti a pensare in modo più sano e aiutarti a superare una dipendenza. Prima di entrare nei dettagli approfonditi su cos'è la CBT e su come aiuta nel trattamento della depressione, tuttavia, è utile comprendere i principali tipi di depressione.

TIPI DI DEPRESSIONE

Esistono diversi tipi principali di depressione che possono verificarsi da soli o in concomitanza con una dipendenza. La CBT può trattare efficacemente tutti questi:

Grave depressione. Ciò comporta soffrire di cinque o più sintomi depressivi per almeno un periodo di due settimane. Un episodio di depressione maggiore è così invalidante che interferirà con la tua capacità di dormire, lavorare, studiare e mangiare.

Questi episodi possono accadere solo poche volte nella tua vita. Possono anche accadere spontaneamente, dopo un evento traumatico della vita come una morte in famiglia o la rottura di una relazione.

Disturbo depressivo persistente (PDD). Precedentemente noto come distimia, il PDD è un tipo di depressione che continua per almeno due anni. Generalmente, questo è di natura meno grave rispetto alla depressione maggiore, ma sperimenterai molti degli stessi sintomi.

Il PDD si manifesta spesso come irritabilità, stress e incapacità di godersi la vita in generale.

Disordine bipolare. Questo tipo di disturbo depressivo si manifesta nella tua vita come un ciclo dell'umore mutevole che coinvolge alti gravi o lievi (mania e ipomania) e bassi depressivi terribilmente schiaccianti.

SEGNI E SINTOMI DI DEPRESSIONE

- Se temi di essere depresso, chiediti se ti identifichi con uno dei seguenti sintomi:
- Sentimenti di impotenza e disperazione
- Perdita di interesse per le cose che ti piacevano
- Stanchezza innaturale
- Cambiamenti di appetito: mangiare molto di più o molto meno
- Incapacità di concentrarsi, anche su compiti facili
- Pensieri negativi incontrollabili
- Irritabilità, aggressività e irascibilità
- Impegnarsi in comportamenti sconsiderati
- Bere più alcol del solito
- Uso eccessivo di farmaci illegali o soggetti a prescrizione
- Disprezzo di sé: sentimenti di inutilità e senso di colpa
- Dolori e dolori inspiegabili, inclusi dolori di stomaco, dolori muscolari, mal di schiena e mal di testa

Se hai risposto sì a uno o più di questi, potresti essere depresso e la terapia cognitivo comportamentale potrebbe essere in grado di aiutarti.

CHE COS'È LA TERAPIA COMPORTAMENTALE COGNITIVA?

Ora che sai di più sui principali tipi di disturbi depressivi, sui loro sintomi e su quanto sia comune, è bello sapere che esistono modalità di trattamento efficaci per la depressione.

La terapia cognitivo comportamentale è un tipo di psicoterapia che modifica i tuoi schemi di pensiero. Aiuta a cambiare i tuoi comportamenti e stati d'animo. In poche parole, il trattamento CBT per la depressione è una miscela di terapia cognitiva e comportamentale in cui il terapeuta ti aiuta a identificare particolari schemi di pensiero negativi e le tue risposte comportamentali a situazioni stressanti e impegnative.

La CBT è un modo di parlare di:

- In che modo le tue azioni influenzano i tuoi sentimenti e pensieri.
- Come percepisci te stesso, le altre persone e il mondo.

Il trattamento prevede di guidarti a sviluppare modi più costruttivi ed equilibrati per affrontare i fattori di stress. Idealmente, questo eliminerà o ridurrà del tutto il tuo comportamento o disturbo sconvolgente. La CBT si concentra su come migliorare il tuo stato d'animo in questo momento, piuttosto che sul guardare indietro al passato.

COSA COMPORTA LA CBT?

Come con qualsiasi nuova esperienza, passare alla CBT per la depressione può essere scoraggiante. Tuttavia, abbiamo messo insieme una breve guida di ciò che è coinvolto in modo che tu sia preparato:

Puoi incontrare il tuo terapista per un minimo di cinque, fino a un massimo di 20 sessioni settimanali o bisettimanali. In generale, le sessioni durano tra i 30 ei 60 minuti.

Durante le prime due o quattro sedute, il tuo terapista valuterà se sei giusto per il trattamento e se ti senti a tuo agio con esso.

Il tuo terapista ti chiederà del tuo passato e del tuo passato. La CBT si concentra sul presente, ma a volte potresti aver bisogno di aprirti al tuo passato per capire come ti sta influenzando attualmente.

Prendi la decisione su ciò di cui hai bisogno e con cui vuoi occuparti.

Insieme al terapeuta, inizi con l'accordo su ciò che deve essere discusso quel giorno.

Il lavoro:

Con il supporto del terapeuta, ciascuno dei tuoi problemi viene suddiviso in parti diverse. Per aiutare in questo, ti potrebbe essere chiesto di tenere un diario per aiutarti a identificare emozioni, pensieri, schemi di azione e sentimenti fisici.

Sia tu che il tuo terapista esaminerete i vostri comportamenti, sentimenti e pensieri per vedere come si influenzano a vicenda e come influenzano voi, e per vedere se sono inutili o irrealistici. Il tuo terapista lavorerà quindi con te per capire come cambiare eventuali aspetti negativi.

Il tuo terapista ti darà spesso dei "compiti a casa". Ciò implica la pratica dei cambiamenti identificati che è necessario apportare nella vita di tutti i giorni.

Durante ogni riunione, avrai l'opportunità di discutere i tuoi progressi rispetto alla sessione precedente. Se un determinato compito non ha funzionato per te, il tuo terapista affronterà questo problema.

Non sarai mai costretto a fare qualcosa che non vuoi fare. Sei tu a dettare il ritmo della tua terapia. Puoi anche continuare a praticare e sviluppare le tue abilità molto tempo dopo che le sessioni sono terminate. Ciò ti consentirà di rimanere in buona salute per molti anni a venire.

COME FUNZIONA LA CBT?

La CBT, a differenza delle terapie psicodinamiche e psicoanalitiche (che spesso richiedono diversi anni per essere scoperte e trattate), è un approccio a breve termine che di solito richiede un minimo di sei sessioni o fino a 20 sessioni.

Durante ogni sessione, tu e il terapeuta esaminerete e identificherete le situazioni nella vostra vita che potrebbero contribuire o causare la vostra depressione. È allora che qualsiasi tua percezione distorta e gli attuali modelli di pensiero possono essere identificati e affrontati.

Potresti essere incoraggiato a tenere un diario per registrare diversi eventi della vita e le tue reazioni ad essi. Questo quindi aiuta il terapeuta a identificare e scomporre i tuoi schemi di pensiero e le tue reazioni in diverse categorie di pensiero negativo, tra cui:

Generalizzazione eccessiva: trarre conclusioni troppo ampie in termini di un singolo evento.

Tutto o niente: vedere il mondo come completamente in bianco e nero.

Pensieri automaticamente negativi: sperimentare pensieri abituali di rimprovero.

Rifiutare il positivo - squalificare le esperienze positive e sentire che "non contano".

Ridurre al minimo o massimizzare in modo irreale l'importanza degli eventi, costruendo le cose o diminuendole in modi che non corrispondono alla realtà.

Prendere le cose troppo sul personale - pensare che tutto ciò che accade intorno a te è dovuto a qualcosa che hai fatto o detto o la sensazione che le azioni non correlate di altre persone siano specificamente dirette a te.

Concentrarsi su una questione negativa: soffermarsi costantemente su questo fino a quando la tua percezione della realtà non è oscurata.

Il lavoro sul diario è un aspetto molto importante della terapia cognitivo comportamentale. Questo ti spinge a:

Usare l'autovalutazione per rispondere e riflettere in modi appropriati e sani.

Esercitarti in un dialogo interiore equilibrato e accurato.

Scoprire come puoi valutare in modo completo e accurato il comportamento emotivo, nonché le reazioni e le situazioni esterne.

Imparare a modificare e controllare le tue reazioni e pensieri distorti.

Utilizzando queste varie tecniche, puoi imparare a vivere di nuovo in equilibrio con il tuo corpo e la tua mente.

IN CHE MODO LA CBT DIFFERISCE DA ALTRI TRATTAMENTI PER LA DEPRESSIONE?

Il metodo e l'obiettivo generale della terapia cognitivo comportamentale è leggermente diverso da molti altri trattamenti per la depressione più tradizionali. Ad esempio, CBT:

Lavora sul cambiamento dei tuoi schemi di pensiero e sulla modifica dei comportamenti nel presente immediato.

Affronta in modo specifico il tuo pensiero problematico e comportamenti indesiderabili.

È orientato agli obiettivi. Sono definiti obiettivi chiari per ogni sessione e per il lungo termine.

È educativo. Monitorate i vostri sentimenti e pensieri e poi li affidate alla carta. Il terapista ti insegnerà anche importanti capacità di coping, come la risoluzione dei problemi.

Ti permette di svolgere un ruolo attivo nel tuo apprendimento e recupero. Completerai anche i compiti "a casa" che vengono esaminati all'inizio della sessione successiva.

Utilizza più strategie, inclusi giochi di ruolo, esperimenti comportamentali e scoperta guidata.

È limitato nel tempo.

COME LA CBT PU AIUTARE CON LA TUA DEPRESSIONE

È probabile che tu sia arrivato a questa pagina perché sei fin troppo consapevole di quanto possa essere debilitante la depressione. La depressione è una condizione molto comune ed è anche molto grave. La malattia ha un impatto negativo sulla tua vita e su quella della tua famiglia e dei tuoi amici. Può anche estendersi fino a interessare i tuoi colleghi e datori di lavoro.

La depressione ha un impatto significativamente negativo sul funzionamento generale della società nel suo insieme. Ad esempio, è un dato di fatto che la malattia impone un onere finanziario a te, al malato, nonché al tuo caregiver, alla famiglia, all'assicurazione e al tuo datore di lavoro.

La CBT può fornire una nuova prospettiva di vita se soffri di depressione. Se la tua condizione è una depressione maggiore da lieve a moderata, la CBT come trattamento autonomo può offrire un grande sollievo. D'altra parte, se si soffre di una grave depressione maggiore, la CBT, somministrata insieme ai farmaci, è un trattamento molto efficace.

CHI PU BENEFICIARE DELLA TERAPIA COMPORTAMENTALE COGNITIVA?

La CBT funziona bene se soffri di depressione lieve o moderata. Può essere fornito come trattamento autonomo senza farmaci. Anche se soffri di depressione maggiore, tuttavia, può essere alleviato dalla terapia cognitivo-comportamentale se usato in combinazione con i farmaci.

La CBT funziona sia per gli adulti che per gli adolescenti ed è spesso utilizzata per ridurre il rischio di ricaduta. Le capacità di coping e di modifica del comportamento che la CBT ti fornisce possono essere impiegate per trattare molti sintomi persistenti per settimane, mesi e anni. Pertanto, è uno strumento meraviglioso per consentirti di ottenere una salute mentale e rimanere tale.

È più probabile che tu risponda bene alla terapia cognitivo comportamentale se:

Sei motivato e hai un desiderio di cambiamento.

Avere la capacità di introspezione.

Considera te stesso come se avessi la capacità di controllare gli eventi che accadono intorno a te.

La CBT può essere suddivisa nelle sue componenti comportamentali e cognitive.

Componente cognitiva. Con il supporto del tuo terapista, imparerai a identificare il pensiero negativo distorto che crea emozioni negative. Entrambi metterete in dubbio la validità di queste emozioni ed esplorerete pensieri equilibrati nuovi e alternativi.

Scopri le tue convinzioni negative fondamentali e discuti di come ti hanno influenzato. Questa è una parte molto importante del trattamento, poiché i pensieri negativi creano mancanza di energia, concentrazione e motivazione. La CBT ti rieducazione ad essere più realistico in termini di pensiero, il che aiuta ad alleviare la tua depressione.

Ti verrà anche data la possibilità di esplorare da dove derivano le tue convinzioni fondamentali negative. Sarai esortato a esplorare se ci sono effettivamente prove reali a favore o contro queste.

Componente comportamentale. Durante tutto l'aspetto comportamentale del trattamento, il tuo terapista ti guiderà a misurare e valutare come la tua routine e le tue attività quotidiane hanno un impatto sul tuo umore. Il tuo terapista ti incoraggia a esplorare come i tuoi comportamenti possono aiutare ad alleviare e migliorare i sintomi della depressione.

Il tuo terapista ti aiuta a sviluppare un piano di azione positiva basato sui tuoi comportamenti, che include un elenco di attività in ordine da facile a più difficile da realizzare. Man mano che padroneggi le attività da più facili a più difficili, inizierai a provare sentimenti di realizzazione e la tua depressione diminuirà.

Tuttavia, la CBT non finisce solo in clinica o struttura. Una componente essenziale per curare con successo la tua malattia è praticare gli esercizi a casa e in situazioni di stress. Questo ti spinge ad avere un approccio più razionale alla vita per ridurre l'intensità delle emozioni negative.

DEPRESSIONE E DIPENDENZA

L'abuso di sostanze è molto comune tra le persone che stanno combattendo i disturbi depressivi. Quando sei depresso, c'è spesso la tentazione di abusare di sostanze che aiutano a intorpidire i tuoi sentimenti dolorosi per farti sentire di nuovo "normale". In altri casi, sostanze come l'alcol possono effettivamente deprimere il sistema nervoso centrale, quindi un uso eccessivo del farmaco può scatenare i sintomi della depressione.

Secondo le statistiche dell'Anxiety and Depression Association of America, circa il 20% dei cittadini americani con disturbi dell'umore e ansia come la depressione, ha un disturbo da uso di alcol o sostanze. Inoltre, circa il 20% delle persone con disturbi da uso di sostanze o alcol avrà anche un disturbo dell'umore o dell'ansia.

La connessione tra depressione e dipendenza è molto reale. L'abuso di sostanze e la depressione spesso vanno di pari passo, con una condizione che peggiora l'altra. Se sei intrappolato in un tale ciclo, è imperativo cercare aiuto il prima possibile.

L'abuso di sostanze e la depressione sono così interconnesse che è per questo che i medici la chiamano una doppia diagnosi quando si presentano questi problemi. Queste due condizioni si alimentano a vicenda e spesso peggiorano l'altra. Di conseguenza, quando si riceve una doppia diagnosi, la vita può essere gravemente solitaria e debilitante.

I dati del National Institute on Drug Abuse mostrano che rispetto alla popolazione generale, se sei dipendente da droghe, hai in media il doppio delle probabilità di soffrire di ansia e disturbi dell'umore e viceversa.

I FATTORI CONDIVISI DELL'ABUSO DI SOSTANZE E DELLA DEPRESSIONE

Quindi, sappiamo che in termini di depressione e abuso di sostanze, non è sempre chiaro quale sia iniziato per primo. È interessante notare che, secondo uno studio del 2013 pubblicato sul

Journal of Clinical Psychiatry, la depressione può aiutare a prevedere la dipendenza da alcol.

Guardando sia la depressione che l'abuso di sostanze, entrambe le condizioni hanno alcuni fattori scatenanti in comune, questi includono:

Genetica - Secondo una ricerca pubblicata su Disease Markers, i fattori genetici e il DNA possono aumentare le probabilità di sviluppare un disturbo mentale e una dipendenza.

Il cervello - La depressione e l'abuso di sostanze influenzano aree simili del cervello, come quelle che gestiscono le risposte allo stress.

Problemi di sviluppo - I primi problemi di salute mentale aumentano la probabilità di un futuro abuso di sostanze, mentre l'abuso precoce di sostanze danneggia effettivamente lo sviluppo del cervello, rendendo molto più probabili le malattie mentali successive.

MAGGIORI INFORMAZIONI SULLA DOPPIA DIAGNOSI

Il termine "doppia diagnosi" significa che hai sia una dipendenza che una depressione. Una doppia diagnosi può essere costituita da qualsiasi aggiunta - gioco d'azzardo, sesso, alcol o droghe - e qualsiasi disturbo mentale - disturbo bipolare, ansia, depressione e così via.

Le doppie diagnosi, inclusa la depressione, sono in aumento negli Stati Uniti Secondo il Journal of Clinical Psychiatry, un adulto su tre alle prese con l'abuso di sostanze soffre anche di depressione.

La depressione clinica aumenta il rischio di farti del male. È anche un soppressore del sistema immunitario che aumenta le probabilità di ammalarsi. Quando l'abuso di sostanze viene aggiunto al mix, il rischio per la tua salute emotiva e fisica è ancora maggiore. Questo è il motivo per cui iscriversi a un corso di CBT può aiutarti a creare una nuova vita sana e positiva per te stesso.

Liberare la tua vita dalle cattive abitudini e dai modi di pensare negativi ti consente di sentirti di nuovo libero e felice. Ci vuole tempo, ma con il giusto supporto puoi tornare a una vita normale.

COSE DA RICORDARE SULLA CBT

Come per tutte le nuove esperienze, specialmente quelle che possono cambiare la vita, impegnarsi nella terapia cognitivo comportamentale può essere preoccupante. È perfettamente normale che tu provi un senso di trepidazione, ma il tuo terapista ti aiuterà e ti guiderà attraverso di esso. È anche importante ricordare quanto segue:

Esplorare sensazioni ed esperienze dolorose durante la terapia può essere scomodo. Potresti trovarti ad affrontare argomenti e situazioni che generalmente preferiresti evitare. Durante questa fase temporanea, ricorda che stai imparando ad affrontare questi problemi in modo costruttivo e che questi sentimenti finiranno.

Il successo della CBT dipende interamente da te. Il tuo terapista è simile a un personal trainer: può incoraggiarti e consigliarti, ma devi fare il duro lavoro.

Quando ti senti giù, la motivazione può essere difficile da trovare. Questo vale anche in termini di concentrazione. A volte, avrai davvero bisogno di spingerti oltre.

Per superare un problema, devi affrontarlo. Ciò potrebbe farti sentire peggio per un breve periodo, tuttavia, che si dissolve rapidamente e viene sostituito da sentimenti di realizzazione.

Hai il controllo in ogni momento su ciò che è coperto nelle tue sessioni e sul ritmo di esse.

Se i sintomi si ripresentano, le tue abilità CBT ti aiuteranno a controllarli. La CBT è uno stile di vita, piuttosto che una soluzione a breve termine. Pertanto, è importante continuare a praticare le tue abilità CBT.

5 tecniche get-positive dalla terapia cognitivo comportamentale

La terapia cognitivo comportamentale (CBT) può aiutarti a superare i modelli negativi che potrebbero impedirti di guarire dalla depressione e di goderti la vita.

Il pensiero negativo può rallentare il recupero della depressione e il motivo è ovvio: se pensi a pensieri negativi, è più probabile che rimani depresso. Ma ciò che è meno ovvio è il modo in cui le persone depresse affrontano le emozioni positive. I ricercatori hanno fatto un'osservazione sorprendente: le persone con depressione non mancano di emozioni positive, semplicemente non si lasciano provare.

Questo stile cognitivo è chiamato "smorzamento", dice Chloe Carmichael, PhD, psicologa clinica a New York. Implica la soppressione delle emozioni positive con pensieri come "Non merito di essere così felice" o "Questa bella sensazione non durerà". Ad esempio, una nuova madre con depressione postpartum potrebbe dire a se stessa che non merita di riprendersi perché è una cattiva madre per essere depressa in primo luogo, dice la dottoressa Carmichael.

Perché le persone depresse la pensano in questo modo? Carmichael si riferisce a quella voce negativa come al pessimismo difensivo - protezione contro il fatto che le grandi speranze siano deluse. "Non vuoi essere lo sciocco, quindi ricorri a smorzare i pensieri positivi per proteggerti da potenziali delusioni", dice.

Come la CBT può aiutare con i pensieri negativi della depressione

È stato scoperto che la terapia cognitivo comportamentale (CBT) aiuta in modo significativo con il trattamento della depressione. Nella CBT, tu e il tuo terapeuta lavorate insieme per concordare modelli di comportamento che devono essere modificati. L'obiettivo è ricalibrare la parte del cervello che mantiene una presa così stretta sui pensieri felici.

"Una reazione inaspettata a un evento importante della vita potrebbe essere alla radice dell'effetto smorzante", afferma Carmichael. "Attraverso la CBT, tu e il tuo terapeuta affrontate la questione e lavorate per metterla in prospettiva."

Le sessioni regolari di CBT e il lavoro che svolgi da solo al di fuori della terapia possono aiutare a rafforzare i nuovi schemi, "Essere in grado di riconoscere quei pensieri negativi e lasciarli alle spalle può essere molto liberatorio", dice Carmichael.

5 tecniche CBT per contrastare il pensiero negativo della depressione

Carmichael ha scoperto che le persone con depressione raramente rispondono bene allo studio personale. Per questo motivo, raccomanda di impegnarsi in CBT per almeno sei settimane. Il tuo terapista ti insegnerà strategie CBT che possono aiutare a contrastare il pensiero negativo associato alla depressione. Lei o lui può anche aiutarti a rimanere in pista con la pratica delle tecniche. Ecco cinque strategie CBT su cui potresti finire per lavorare con il tuo terapista:

1. Individua il problema e fai un brainstorming sulle soluzioni. Scrivere un diario e parlare con il tuo terapista può aiutarti a scoprire la radice della tua depressione. Una volta che hai un'idea, scrivi in una semplice frase esattamente cosa ti infastidisce e pensa ai modi per migliorare il problema. Un segno distintivo della depressione, dice Carmichael, è la disperazione, l'incredulità che le cose possano mai migliorare. Scrivere un elenco di cose che puoi fare per migliorare una situazione può aiutare ad alleviare i sentimenti depressivi. Ad esempio, se stai combattendo la solitudine, le azioni da intraprendere potrebbero includere l'iscrizione a un club locale in base ai tuoi interessi o l'iscrizione a un appuntamento online.

2. Scrivi autoaffermazioni per contrastare i pensieri negativi. Dopo aver individuato i problemi alla radice della tua depressione, pensa ai pensieri negativi che usi per smorzare quelli positivi. Scrivi un'autoaffermazione per contrastare ogni pensiero negativo. Ricorda le tue autoaffermazioni e ripeterle a te stesso quando noti la vocina nella tua testa che si insinua per spegnere un pensiero positivo. Col tempo creerai nuove associazioni, sostituendo i pensieri negativi con quelli positivi.

Carmichael dice che l'autoaffermazione non dovrebbe essere troppo lontana dal pensiero negativo, altrimenti la mente potrebbe non accettarlo. Ad esempio, se il pensiero negativo è:

"Sono così depresso in questo momento", invece di dire: "Mi sento davvero felice ora", un'affermazione migliore potrebbe essere:

"Ogni vita ha alti e bassi, e la mia sì , pure." Il messaggio ti dice che va bene aumentare il grado di felicità che provi. Allo stesso tempo, la tua mente si applaude per aver tenuto sotto controllo la gioia per proteggersi dalla delusione. "Va bene riconoscere quella parte di te che sta cercando di fare qualcosa di sano", dice.

A volte le dichiarazioni di sé diventano troppo di routine e hanno bisogno di essere rinfrescate, dice Carmichael. Raccomanda di tradurre le tue autoaffermazioni in altre lingue che potresti parlare, o riformularle, forse anche esaltando un po 'i loro sentimenti di gioia. "Ad esempio, l'autoaffermazione" Va bene esplorare i miei piani alti "potrebbe diventare" Va bene avere una giornata fantastica ".

3. Trova nuove opportunità per pensare positivo. Le persone che entrano in una stanza e pensano immediatamente: "Odio quel colore della parete", potrebbero invece allenarsi a individuare cinque cose nella stanza per le quali si sentono positivamente il più rapidamente possibile. Imposta il telefono in modo da ricordarti tre volte al giorno di riformulare i tuoi pensieri in qualcosa di positivo. Carmichael consiglia di "fare amicizia" con qualcun altro che lavora sulla stessa tecnica. In questo modo, tu e il tuo amico potete essere entusiasti di avere pensieri ed esperienze positive da condividere tra loro durante il giorno.

4. Termina ogni giornata visualizzando le sue parti migliori. Alla fine di ogni giornata, scrivi o scrivi in un diario online le cose della tua vita per cui sei più grato. Registrare pensieri positivi e persino condividerli online può aiutarti a formare nuove associazioni nella tua mente o creare nuovi percorsi, dice Carmichael. Qualcuno che ha creato un nuovo percorso di pensiero potrebbe andare dal svegliarsi la mattina pensando: "Uffa, un altro giorno lavorativo" a "Che bella giornata".

5. Impara ad accettare la delusione come una parte normale della vita. Le situazioni deludenti fanno parte della vita e la tua risposta può influire sulla velocità con cui puoi andare avanti. Qualcuno che sta attraversando una rottura potrebbe incolpare se stesso o addirittura aumentare di peso, pensando: "Che senso ha avere un bell'aspetto? Non incontrerò mai nessun altro. " Un approccio migliore potrebbe essere quello di permettere a te stesso di sentirti deluso e ricordare che alcune cose sono fuori dal tuo controllo. Lavora su ciò che è sotto il tuo controllo: scrivi cosa è successo, cosa hai imparato dall'esperienza e cosa puoi fare diversamente la prossima volta, facendo attenzione a pensieri eccessivamente negativi. Questo può aiutarti ad andare avanti e a sentirti meglio con il tuo futuro.

Suggerimenti per la terapia cognitiva comportamentale per aiutare ad alleviare le ansie

La terapia cognitivo comportamentale, o CBT, si concentra sull'interconnessione di pensieri, emozioni e comportamenti.

La CBT è efficace ma richiede tempo per essere padroneggiata, quindi sii paziente con te stesso.

Le strategie CBT includono cose come mettere in discussione pensieri paurosi, provare lentamente attività nuove o diverse e usare i sensi per radicarsi nel presente.

Spostati, Freud: c'è un nuovo tipo di terapia popolare in città, e non coinvolge sdraiarsi su un divano o parlare di tua madre.

Si chiama terapia cognitivo comportamentale (CBT), e in realtà non è così nuova, essendo in circolazione in una forma o nell'altra almeno dagli anni '60. La CBT è una forma di terapia della parola in cui interagisci con un terapista esperto, ma non si tratta di rievocare il tuo passato. Invece, si concentra sul presente e ti insegna a riconoscere come rispondi ai fattori di stress nella tua vita e come potresti cambiare le tue risposte per alleviare la tua angoscia.

"Il terapeuta e il cliente lavorano insieme, sapendo che ogni persona ha esperienza. Il terapeuta ha esperienza su come cambiare il comportamento e il cliente ha esperienza sulle loro esperienze di vita e su ciò che conta di più per loro ".

La CBT si basa sull'idea che i nostri pensieri, emozioni e comportamenti sono interconnessi e che cambiarne uno può cambiare gli altri. Può sembrare trendy, ma è anche efficace ed è stato rigorosamente studiato. Esistono variazioni della CBT per tutti i tipi di problemi di salute mentale, dall'ansia alla depressione alla schizofrenia ai disturbi da uso di sostanze.

L'obiettivo è imparare le abilità che puoi usare fuori dall'ufficio del terapeuta per affrontare i problemi della vita reale, dice Lindgren. Più pratichi, più diventeranno un'abitudine le abilità CBT .

"Se sei una persona che ha buone intenzioni ma ha bisogno di qualcuno di cui rendere conto, prenderei un appuntamento con un terapista", dice Lindgren. "Ma se sai di essere una persona brava a essere autodidatta, è ragionevole pensare di farlo da solo."

Ecco i suoi consigli per praticare le tecniche a casa (o ovunque ti trovi).

Cambia la tua prospettiva

Usare una tecnica chiamata ristrutturazione cognitiva può aiutarti a modificare i pensieri problematici, che a loro volta possono aiutarti a cambiare il tuo comportamento. La prossima volta che ti accorgi di sentirti ansioso o depresso, chiediti: a cosa sto pensando o con quali emozioni sto lottando che potrebbero farmi sentire in questo modo? Notare se pensieri o ricordi particolari danno origine a sintomi fisici angoscianti; puoi anche fare una lista. In questo modo inizierai a capire in che modo le tue emozioni e i tuoi pensieri sono collegati e cosa ti scatena.

Bilancia i tuoi pensieri

Molte lotte per la salute mentale comportano pensieri angoscianti, ma intrinsecamente imperfetti, o previsioni che influenzano il comportamento. Ad esempio, se diventi ansioso quando sei in mezzo alla folla e quindi le eviti attivamente, potresti dire a te stesso che se provassi ad andare in un luogo affollato, come una partita di sport o un concerto, saresti preso dal panico, faresti qualcosa per mettere in imbarazzo te stesso e non ti piacerebbe. Questa convinzione rafforza quindi la tua evasione.

Ma è proprio vero? Non puoi predire il futuro, quindi non puoi sapere con certezza che il tuo scenario da incubo sarebbe accaduto e potresti perderti qualcosa che ti piacerebbe davvero.

Nota come il tuo cervello razionalizza le decisioni che prendi in base alla paura o all'evitamento e poi chiediti: qual è la prova di quel pensiero? Ci sono fatti freddi e concreti che le cose andranno male o sto solo speculando? Considera se ci sono altri pensieri che potresti avere che sarebbero più equilibrati o utili. Se hai cambiato un po 'il tuo processo di pensiero per essere meno pauroso o negativo, quali nuove emozioni potrebbero sorgere? Se lavori per rendere i tuoi pensieri più equilibrati, è probabile che le tue emozioni e i tuoi comportamenti seguano.

Sii paziente con te stesso

Il cambiamento non avverrà dall'oggi al domani, quindi non aspettartelo se provi la CBT da solo (o anche con un terapista che ti guida). Invece, il tuo obiettivo dovrebbe essere quello di sviluppare le tue capacità in modo da sentirti più attrezzato per affrontare qualsiasi sfida la tua salute mentale voglia lanciarti.

Concentrati sul prepararti per piccole vittorie, quindi costruisci lentamente i tuoi obiettivi nel tempo. Sii orgoglioso di ogni cambiamento positivo che apporti, non importa quanto piccolo possa sembrare. Riconosci che il progresso non è lineare; alcune settimane saranno più facili, altre più difficili, e questo è normale.

Sii gentile con te stesso

È facile farsi prendere da discorsi negativi senza nemmeno rendersene conto. Ma buttarti costantemente giù su te stesso non ispirerà la fiducia necessaria per aiutarti a sentirti meglio.

Quando noti pensieri negativi che si insinuano, cose come "Perché non riesco a metterlo insieme?" oppure "Le altre persone non hanno questo problema": sostituiscile con qualcosa di più gentile. Chiediti se i tuoi amici ti direbbero mai le cose che dici a te stesso. No? Allora non permettere nemmeno a te stesso di dirle.

Questo non significa che dovresti trovare delle scuse per te stesso quando hai effettivamente commesso un errore o fatto qualcosa di sbagliato, ma invece dovresti incoraggiarti a darti una scusa che di solito riservi agli altri.

Fa quello che ami

Ansia, depressione e altri problemi di salute mentale hanno un modo per eliminare le attività che ti interessano nella vita, o perché ne hai paura o perché ti manca la motivazione che una volta avevi per perseguirle. Forse amavi leggere ma ora ti senti sempre stanco. O forse ti piaceva uscire con i tuoi amici, ma ora hai paura di stare lontano da casa la sera.

Per quanto possa essere difficile, cerca di fare le cose che ti interessano, anche se devi sforzarti. Fare attività che ti rendono felice, che ti connettono con gli altri e che ti danno un senso di padronanza o competenza sono importanti per il benessere mentale.

Prenditi del tempo per fare regolarmente una o due cose che ti hanno sempre portato gioia e fai del tuo meglio per essere presente invece che distratto dal passato o preoccupato per il futuro. Successivamente, chiediti come ti senti ora che hai fatto la cosa. Ti ha fatto sentire meglio?

Sii consapevole

Forse stai rimuginando su problemi di lavoro quando stai cercando di addormentarti o ti stai picchiando per qualcosa che hai detto a un amico quando dovresti finire un importante progetto di lavoro; in ogni caso, non sei concentrato sul momento presente.

Invece, prova a cambiare i tuoi pensieri ogni volta che non sono allineati con ciò che sta accadendo in questo momento. Chiediti: le mie emozioni riflettono quello che sta succedendo in questo momento? In caso contrario, concentrati sui tuoi sensi. Cosa vedi e senti? Cosa sta succedendo nel mondo intorno a te? Cerca di essere consapevole di ciò che è giusto di fronte a te invece di quello che è successo in passato o di ciò che temi accadrà in futuro.

Un futuro brillante

In definitiva, una delle cose più potenti della CBT è che può darti speranza.

È INTRINSECAMENTE OTTIMISTA. TI INSEGNA A CREDERE CHE IL CAMBIAMENTO È POSSIBILE E CHE HAI IL POTERE DI EFFETTUARE IL CAMBIAMENTO NELLA TUA VITA.

CBT per le tecniche di insonnia

L'insonnia può creare un circolo vizioso di ansia che peggiora il problema del sonno originale. Le giuste tecniche CBT possono spesso interrompere rapidamente questo ciclo.

Megan è venuta a trovarmi per chiedere aiuto con l'insonnia. Aveva l'aspetto tirato di chi è cronicamente stanco.

A volte le persone non riescono ad addormentarsi, ea volte non riescono a dormire una volta che riescono finalmente ad arrivarci.

"A volte mi addormento bene, ma poi è come se mi preoccupassi di cose nel sonno e mi sveglio di nuovo e poi non riesco a riaddormentarmi. Spesso, però, resto sveglio per ore e, anche se sono esausto, non riesco proprio a dormire. So che sembra drammatico, ma sento che l'insonnia mi sta rovinando la vita! "

Megan non era sola.

Un'epidemia silenziosa

Quante persone conosci o semplicemente passano per strada che sono cronicamente private del sonno? Non puoi sempre dirlo, ovviamente, solo guardando.

Uno studio ha rilevato che quasi il 10% delle persone (il 12,9% delle donne e il 6,2% degli uomini) soffre di insonnia in qualsiasi momento. E questi sono solo quelli che conosciamo. Un altro studio stima che colpisca dal 10 al 15% della popolazione

È stato scoperto che gli approcci cognitivo comportamentali sono efficaci nel trattamento dell'insonnia senza, ovviamente, i rischi dei sonniferi, compreso quello della dipendenza.

Nello stesso studio, gli autori hanno descritto l'insonnia piuttosto chiaramente come "i comportamenti , le cognizioni e le associazioni che i pazienti adottano quando tentano di far fronte a uno scarso sonno ma che finiscono per ritorcersi contro". Questo è interessante. Spesso è la reazione al non dormire, la preoccupazione, persino l'ansia anticipatoria, che allontana proprio ciò di cui abbiamo bisogno.

Allora perché così tante persone hanno problemi a dormire?

Ladri di sonno

Ho visto innumerevoli insonni nel corso degli anni. Alcuni hanno avuto problemi fisici. L'insonnia colpisce circa il 44% delle persone con ipertensione e malattie cardiache e oltre il 41% di quelle con problemi respiratori (non a caso!). Quindi è sempre importante controllare il profilo medico del nostro cliente chiedendo loro se stanno bene fisicamente o se hanno stato valutato dal punto di vista medico.

Ma, come vedremo tra poco, l'insonnia può avere cause non solo fisiche ma anche emotive, oltre che effetti.

L'insonnia può avere cause non solo fisiche ma anche emotive, oltre che effetti

Molti clienti, tuttavia, senza una ragione apparente, semplicemente non riescono a dormire. Forse sono inclini a quella preoccupazione stimolante autoprodotta, o hanno semplicemente preso l'abitudine di non dormire. Megan ha sicuramente passato molto tempo a preoccuparsi degli effetti del non dormire.

Allora quali sono gli effetti comuni dell'insonnia?

Conseguenze di uno scarso sonno

Non sarà di alcun conforto per gli insonni che i potenziali effetti dell'insonnia cronica siano preoccupantemente abbondanti, dal rischio notevolmente aumentato di rabbia diurna e quindi di malattie cardiache, alla scarsa concentrazione e quindi rischio di incidenti fino alla funzione immunitaria compromessa e quindi alla suscettibilità alla malattia.

Naturalmente, lo stress prodotto dall'insonnia può avere effetti sulla vita emotiva dei clienti, rendendoli più labili e lasciandoli con un senso di perdita di controllo dei propri sentimenti. Non sorprende affatto che l'insonnia sia associata a bassi livelli di emozioni positive e alti livelli di emozioni negative

Megan mi ha detto che si è trovata a piangere al lavoro per "cose che normalmente non avrebbero importanza!" Come nel caso di molti insonni, la sua relazione aveva sofferto perché aveva meno capacità di concentrarsi sul suo amante. "Quando l'insonnia è davvero grave, riesco a malapena a funzionare!" mi ha detto lamentosamente.

Naturalmente, abbiamo bisogno di una buona qualità e quantità di sonno: ciò significa circa 6-8 ore del giusto rapporto tra REM o "sonno da sogno" (circa il 25% del tempo di sonno) e sonno profondo rigenerativo, durante il quale richiede la guarigione e la riparazione del corpo posto.

Megan aveva bisogno del mio aiuto. Ecco alcuni degli approcci di terapia cognitivo comportamentale (CBT) che ho usato insieme a quelli ipnoterapici.

CBT Insonnia Tecnica uno: incoraggiare l'igiene di base del sonno

In realtà, questa non è tanto una tecnica quanto una serie di considerazioni. La nostra psicologia e fisiologia notturna è , in molti modi, un riflesso di ciò che facciamo e di come siamo durante il giorno. Assicurati che i tuoi clienti insonnia facciano quanto segue:

Esci alla luce naturale. Uno studio ha rilevato che le persone che sono esposte alla luce naturale durante le ore mattutine dormono meglio di notte rispetto a quelle che non ricevono molta luce mattutina

Esercizio, presto. Uscire e muovere il corpo sembra aiutare il sonno notturno. L'esercizio fisico regolare mattutino ci prepara non solo per la giornata ma anche per la notte aiutandoci a produrre l'ormone che promuove il sonno, la melatonina, all'inizio della sera. aumentare l'adrenalina per ore dopo, allontanando il sonno

Riduci il tempo trascorso davanti allo schermo la sera. Troppa luce sullo schermo prima di coricarsi impedisce la produzione di melatonina, dando al corpo l'impressione che non sia ancora ora di dormire. La luce dello schermo può far sentire al cervello che è ancora giorno e incoraggiare la vigilanza

Non mentire nel fine settimana. Sì, il tuo cliente ha un debito di sonno, ma non lasciare che provi a ripagarlo nei fine settimana. Il sonno deve essere regolare e abituale.

Elimina l'alcol. L'alcol può indurre le persone a dormire, ma tende a compromettere la qualità del sonno e può far svegliare le persone più tardi nella notte.

Limita la caffeina e altri stimolanti come lo zucchero.

Assicurati che la camera da letto sia sufficientemente buia. Mantieni il livello di illuminazione basso: più è scuro, meglio è.

Rilassati. Controlla la routine di chiusura del tuo cliente. Invitali a interrompere il tempo trascorso davanti allo schermo un'ora prima di andare a letto. Un bagno caldo può aiutare a riscaldare le estremità rispetto al nucleo del corpo, il che aiuta l'inizio del sonno. Indossare calzini a letto, sebbene non sia sexy, può anche aiutare l'inizio del sonno in questo modo

Megan mi ha detto qualcos'altro, qualcosa che ho sentito più e più volte: "Deve essere come una sorta di ansia da prestazione. L'ora di andare a letto mi incombe; è nella mia mente ore prima. "

"Ti senti ansioso ora se chiudi gli occhi e immagini la tua camera da letto?" Ho chiesto.

Megan chiuse gli occhi, sembrava in pericolo di addormentarsi lì per lì! "Sì", ha detto, "sento una sorta di nodo allo stomaco mentre immagina la mia stanza."

Megan aveva creato un'associazione tra la tensione e il suo ambiente in cui dormiva. Non eccezionale per favorire un sonno ristoratore.

Ovviamente, dovevamo affrontare questo problema.

CBT Insonnia Tecnica due: cambiare le associazioni automatiche

Alcuni insonni, compresa Megan, mi hanno detto che dormono meglio lontano da dove dormono normalmente. Non sono mai sorpreso.

Il cervello è un organo di corrispondenza dei modelli per eccellenza. Costruisce associazioni. Sono stato nel negozio locale, ho visto un prodotto e ho sentito automaticamente nella mia testa un tintinnio blando e fastidioso. Scommetto che lo hai anche tu. Dal disturbo da stress post-traumatico alle fobie, dalle dipendenze allo sviluppo di abilità, il meccanismo nel nostro cervello per formare associazioni è immenso e costante.

Ci sono due modi in cui possiamo usarlo a nostro vantaggio. Per prima cosa, ho chiesto a Megan se sarebbe stata felice di cambiare la sua camera da letto: mettere il letto in una nuova posizione e così via. Lei era. In secondo luogo, le ho insegnato a rilassarsi profondamente, poi le ho fatto costruire una nuova associazione tranquilla quando pensava alla sua camera da letto.

Lo ha trovato utile, ha detto. Ma lei mi ha chiesto a cosa avrebbe dovuto pensare quando "cercava" di addormentarsi.

In base al principio che con alcune cose più provi e più lo spaventi, volevo poi eliminare l'insonnia. Dopo tutto, chi ha bisogno della pressione?

Terza tecnica di insonnia CBT: smettere di provare

È un doppio legame. Più hai bisogno di andare a dormire, più ti senti sveglio. Più ci provi, più diventa difficile. In effetti, le persone possono avere maggiori probabilità di addormentarsi quando cercano di rimanere sveglie!

Ho suggerito a Megan che ci sono alcune cose nella vita che dobbiamo lasciare che accadano. Le persone si innamorano, ma non puoi far innamorare qualcuno di te, così come non puoi farti amare qualcuno che non è giusto per te. Lasciamo che le nostre digestioni funzionino, non possiamo costringerle a sbrigarsi con la forza. E può darsi che la fertilità aumenti quando diventa meno stressante, l'unico obiettivo

Il sonno non è qualcosa che puoi provare a fare. Tutto quello che possiamo fare, credo, è creare le condizioni per invitare a dormire. Quando l'ho detto a Megan, lei ha annuito.

"Quello che vorrei che facessi è restare sveglio stanotte il più a lungo possibile [è stato, credo, un venerdì sera]. Qualunque cosa tu faccia, non addormentarti finché non hai registrato alcuni dei tuoi pensieri. Forse scrivi i principali quando sei sveglio. Se puoi, resta sveglio tutta la notte per vedere come i tuoi pensieri differiscono nelle ore piccole rispetto a prima della notte. "

Nota che ho usato un intervento paradossale. Se Megan avesse avuto successo nel suo compito , sarebbe rimasta sveglia; se avesse "fallito" si sarebbe addormentata. E comunque sarebbe utile scoprire cosa pensa durante la notte.

Questo ci porta senza problemi alla tecnica successiva.

CBT Insonnia Tecnica quattro: la veglia passiva

Quando osserviamo semplicemente e lasciamo che la realtà ci arrivi, piuttosto che cercare di imporre i nostri pensieri, pregiudizi o abitudini alla realtà, si dice che siamo consapevoli. Possiamo osservare i nostri pensieri e persino i nostri sentimenti, allontanando così la nostra associazione con essi. Possiamo sviluppare il "sé osservante". Ho incoraggiato Megan a guardare e osservare semplicemente i suoi pensieri mentre invitava a dormire, ma non ho mai chiesto che le venisse.

Ho insegnato a Megan gli stili di pensiero depressivo e ansioso, che tendono ad essere assolutisti, tutto o niente. Volevo che fosse in grado di "vedere attraverso" e distaccarsi da questo tipo di pensieri estremisti, poiché era incline a preoccuparsi. Le ho insegnato un rituale di annotare tutte le preoccupazioni che aveva prima di andare a dormire e chiuderle in un cassetto. Il giorno dopo avrebbe strappato il foglio di carta. La mente è simbolica e questo tipo di semplice rituale può avere effetti terapeutici sorprendenti.

Non voglio mai che i miei clienti insonnia diventino troppo presi dal fatto che siano coscienti o inconsci. A volte suggerisco che rimanere svegli e rilassarsi profondamente può anche fare più bene che dormire irregolarmente. Ancora una volta, vogliamo rimuovere delicatamente la pressione.

E infine...

CBT Insomnia Tecnica cinque: un viaggio nell'ipnagogia

Mentre ci addormentiamo attraversiamo un mondo di semi-sogni chiamato ipnagogia . Sperimentiamo "frammenti di sogno" allucinogeni piuttosto che sogni veri e propri (che di solito non iniziano fino a circa 50 minuti dopo che ci siamo addormentati).

L'autoipnosi incoraggia e invita al processo ipnagogico (di cui spesso non abbiamo alcun ricordo cosciente). La vecchia tecnica di contare le pecore nella tua mente fa la stessa cosa. Per quanto laborioso possa essere, incoraggia le immagini nel cervello e quindi può dare il via al viaggio nell'ipnagogia .

Ho insegnato a Megan alcune tecniche di autoipnosi, che incoraggiavano sia lo stato ipnagogico che il rilassamento, e lei è diventata esperta nell'uso di queste tecniche per se stessa. Le piaceva anche usare le visualizzazioni che abbiamo praticato simili a quelle nelle nostre sessioni di sonno per promuovere un sonno sano (semplicemente chiedere al tuo cliente di visualizzare alcune attività non stimolanti può portarlo tranquillamente all'ipnagogia).

Ben presto, sono felice di poterlo dire, Megan ha ricominciato a dormire tutta la notte. Ha detto che si sentiva come una donna nuova, com'era veramente, prima che l'insonnia l'avesse derubata della felicità.

Naturalmente, non useresti necessariamente tutte queste tecniche o approcci con ogni cliente, ma spero che tu abbia trovato qualcosa di valore qui.

Aiutare a superare l'ansia legata al lavoro che interrompe il suo sonno

Nel 2010 questo cliente è stato licenziato dal suo lavoro. Non era riuscito a gestire molte migliaia di pacchi in più rispetto a quanto previsto (da altri), quindi si trovava in una situazione impossibile. Di conseguenza è rimasto disoccupato per sei mesi. Ora ha un lavoro simile ma sente una pressione costante e terribile e teme di essere licenziato di nuovo.

Pensa al lavoro tutto il tempo e non si spegne mai. Sogna il lavoro, si sveglia alle 4 del mattino a pensarci e sente di dover controllare il telefono e la posta elettronica tutto il tempo. Mark verifica la presenza di traumi, gli chiedo di mettere via il telefono alla fine della giornata lavorativa due o tre volte a settimana (per cominciare) e gli insegno "Le tre cose dell'induzione" da usare per se stesso per aiutarlo a dormire meglio e rilassarsi .

Mark riesce a trovare uno stato d'animo pieno di risorse e lavora per aiutarlo ad accedere a quei sentimenti tranquilli per staccare più facilmente dal lavoro.

Tecniche per superare l'insonnia

Il sonno è qualcosa di cui tutti abbiamo bisogno, ma di cui raramente ne abbiamo abbastanza. In effetti, il National Institute of Health afferma che una persona su tre ha problemi a dormire o non riesce ad addormentarsi affatto, un disturbo chiamato insonnia.

Il sonno dà al nostro cervello il tempo di cui ha bisogno per ripristinare l'energia, riparare il nostro corpo e creare ricordi. Abbiamo anche bisogno di dormire per esercitare parti del cervello che potremmo non usare spesso. Questo può aiutarci a superare lo stress della vita quotidiana, ma solo se dormiamo bene. Per fortuna, ci sono una serie di tecniche per assicurarci di ottenere il massimo dal nostro riposo ogni notte.

Rispondi al test sull'insonnia

VERO O FALSO: L'ESERCIZIO È IL MODO MIGLIORE PER RIPRISTINARE ENERGIA AL CERVELLO.

Falso: il nostro cervello utilizza il 20-25% della nostra energia. Le nostre cellule cerebrali non possono immagazzinare energia e l'unico modo per ripristinarla è attraverso il sonno.

VERO O FALSO: LA MEDITAZIONE E L'ESERCIZIO DI RILASSAMENTO SONO IL MODO MIGLIORE PER MIGLIORARE LA LUNGHEZZA E LA SOLIDITÀ DEL TUO SONNO. TI AIUTA INOLTRE A DORMIRE PIÙ VELOCEMENTE.

Vero - Gli esercizi di meditazione e rilassamento sono il modo migliore per migliorare la durata e la solidità del tuo sonno. Ti aiuta anche ad addormentarti più velocemente.

VERO O FALSO: SI STIMA CHE L'INSOMNIA COSTI AGLI STATI UNITI PIÙ DI 100 MILIARDI DI DOLLARI ALL'ANNO.

Vero - Poiché l'insonnia colpisce una persona su tre, uno studio dell'Università di Chicago stima il costo di cure mediche e farmaci, riduzione della produttività, incidenti, ospedalizzazione e altro tra i 92 miliardi di dollari e i 107 miliardi di dollari all'anno.

VERO O FALSO: IL 90% DELLE PERSONE CHE SPERIMENTANO LA DEPRESSIONE HA ANCHE UN DISTURBO DEL SONNO.

Vero - Secondo le Harvard Health Publications, la stragrande maggioranza delle persone che soffrono di depressione soffre anche di qualche tipo di disturbo del sonno, ed è molto spesso insonnia.

Cos'è l'insonnia?

L'insonnia è un disturbo del sonno comune che può rendere difficile, o addirittura impossibile, addormentarsi o rimanere addormentati. Una persona su tre ha una qualche forma di insonnia, secondo la Sleep Health Foundation. Ed è particolarmente diffuso tra le persone che soffrono di stress. Di notte, non riuscire ad addormentarsi può essere di per sé un fattore di stress. Quindi, senza un buon sonno, il nostro cervello non ha l'energia per gestire altri momenti di stress durante la giornata.

Ecco alcuni sintomi che un insonne sperimenterà:

- Stare sveglio per ore prima di addormentarsi
- Dormire solo per piccoli periodi, spesso una o due ore alla volta
- Svegliarsi e sentirsi come se non avessi dormito

- Svegliarsi prima del previsto e non riuscire a riaddormentarsi

L'insonnia può essere sia un disturbo cronico che a breve termine e le persone sotto stress corrono un rischio maggiore. È importante riconoscere quando lo stai vivendo, perché non riuscire a fermare l'insonnia potrebbe avere un costo per la tua salute.

5 fasi del sonno

Nel corso di una notte, di solito sperimentiamo cinque fasi del sonno, spesso più volte. Se ci svegliamo costantemente o non dormiamo abbastanza a lungo, non raggiungeremo ogni fase. Questo ci fa perdere momenti cruciali per ripristinare l'energia cerebrale e altre cose di cui il nostro corpo ha bisogno per combattere lo stress durante il giorno.

FASE 1: ADDORMENTARSI

Stai entrando e uscendo dal sonno e puoi essere facilmente svegliato. I tuoi occhi iniziano a muoversi lentamente dietro le palpebre e l'attività muscolare diminuisce.

FASE 2: SONNO LEGGERO

I tuoi movimenti oculari si arrestano. Le onde cerebrali iniziano a rallentare, la frequenza cardiaca si abbassa e la temperatura corporea scende mentre il corpo inizia a ripristinare l'energia.

FASE 3: SONNO AD ONDE LENTE

Il tuo cervello inizia a produrre onde ancora più lente in questa fase. È molto meno probabile che ti svegli o ti disturbi a questo punto, e se ti svegli potrebbero volerci alcuni minuti prima che il tuo cervello torni alla normalità.

FASE 4: SONNO PROFONDO

Questa è la fase più profonda del ciclo. Non vi è alcun movimento degli occhi o attività muscolare poiché il cervello e il corpo ripristinano l'energia.

FASE 5: MOVIMENTO RAPIDO DEGLI OCCHI

In questa fase la frequenza cardiaca aumenta, gli occhi sussultano rapidamente dietro le palpebre e le onde cerebrali accelerano a velocità simili a quelle che si verificano durante il giorno. Sogni durante questo stato, aiutando il tuo cervello a esercitare e utilizzare connessioni che non usa durante il giorno.

Il sonno non è solo un momento per riposare la nostra mente, anche il nostro corpo ne ha bisogno. Un sonno stressante e irrequieto può anche causare problemi come digrignare i denti e sonnambulismo. La mancanza di sonno può causare una serie di problemi di salute, come livelli di zucchero nel sangue più elevati, problemi al fegato, aumento di peso e depressione grave. L'insonnia cronica può aumentare la probabilità di alcune gravi malattie e malattie, tra cui:

- Ipertensione
- Diabete
- Esagerata percezione del dolore
- Durata della vita ridotta

Come posso superare l'insonnia?

L'insonnia può creare un circolo vizioso. Lo stress può causare una mancanza di sonno e l'incapacità di dormire può peggiorare lo stress. Ora che conosciamo i vantaggi di dormire bene la notte, possiamo parlare di come interrompere quel ciclo e addormentarci. Le tecniche di riduzione dello stress possono aiutare a preparare la nostra mente e il nostro corpo a dormire e ottenere il riposo di cui abbiamo bisogno.

Di seguito sono riportati esercizi di auto-calmamento da utilizzare durante il giorno per alleviare lo stress in modo che le nostre menti siano chiare di notte. Troverai anche altre tecniche da implementare poco prima di andare a letto per rendere più facile per la tua testa colpire il cuscino ed essere pronta per un riposo notturno completo.

Esercizi

RESPIRAZIONE STIMOLATA

Questo esercizio di respirazione a ritmo sostenuto è progettato per aiutarti a uscire da uno stato emotivo stressante e ad uno stato più calmo ed equilibrato. La ricerca mostra che la generazione di stati emotivi positivi crea cambiamenti emotivi, maggiore accesso all'intuizione e alla creatività, miglioramento cognitivo e delle prestazioni e cambiamenti favorevoli nell'equilibrio ormonale.

Ecco come farlo:

Rallenta la frequenza respiratoria a 5-7 respiri al minuto inspirando ed espirando per 5 conteggi

Cerca di concentrarti su persone, luoghi o attività che ami e apprezzi

Quando pensi a queste persone, luoghi e attività, assicurati di concentrarti sul sentimento di amore, felicità e apprezzamento

RILASSAMENTO MUSCOLARE PROGRESSIVO

Quando si hanno problemi ad addormentarsi, lo stress può iniziare a salire. Il nostro cervello inizia a pensare alle conseguenze del non dormire ei nostri muscoli iniziano a irrigidirsi. Usando il rilassamento muscolare progressivo, ci concentriamo sull'allentamento della tensione in muscoli specifici e rendendo molto più facile la deriva. Ascolta l'audio di una procedura dettagliata di rilassamento muscolare progressivo per alleviare la tensione e addormentarti più rapidamente.

MUSICA RILASSANTE

Riproduci musica rilassante mentre ti prepari per andare a letto e mentre ti addormenti. Prova a creare una playlist da ascoltare ogni notte che ti faccia venire voglia di dormire o ascolta audio rilassante su YouTube.

IGIENE DEL SONNO

Crea una sana routine della buonanotte che inizi un'ora prima di andare a letto. Prova a includere cose come evitare la caffeina di notte e disattivare gli schermi blu come telefoni cellulari, tablet e laptop.

MUOVERSI NELLA STABILITÀ

Una delle cose che può impedirti di addormentarti è pensare a tutte le cose che devi fare il giorno successivo o al fatto che non riesci ad addormentarti. Sii più nel momento, libera la tua mente dai fattori di stress che hai vissuto durante il giorno e sii più consapevole del tuo corpo mentre ti addormenti.

Evita i cibi che possono causare indigestione e bruciore di stomaco. Questi possono darti il bruciore di stomaco e tenerti sveglio la notte.

- Pasti grassi o fritti.
- Piatti piccanti.
- Agrumi.

ORA DI CENA:

Sollevare pesi, lunghe corse o praticare sport intensi subito prima di andare a dormire potrebbe rendere molto più difficile addormentarsi.

Un esercizio aerobico di dieci minuti come fare jogging o andare in bicicletta può fare miracoli per la qualità del tuo sonno.

2 ORE PRIMA DI LETTO

EVITARE ESERCIZI STRENUOSI:

La luce proveniente dal tuo telefono o laptop induce il tuo cervello a pensare che sia giorno e rallenta la produzione del tuo corpo di melatonina, l'ormone che controlla i cicli del sonno.

Anche se può essere difficile, spegnere i dispositivi elettronici almeno 30 minuti prima di andare a letto ti aiuterà ad addormentarti più facilmente.

30 MINUTI PRIMA DI ANDARE A LETTO

SPEGNERE ELETTRONICA:

Per fornire al tuo corpo e alla tua mente abbastanza riposo per affrontare lo stress durante il giorno, una buona notte di sonno è fondamentale. Avere un piano per riposare abbastanza di qualità ogni notte e seguirlo costantemente è un ottimo modo per assicurarti che ciò accada.

4-5 PM

Smetti di bere caffè e altri stimolanti.

18:00

Esercizio. Le attività che aumentano la frequenza cardiaca, come la corsa, il ciclismo e il nuoto, possono aiutare a combattere l'insonnia.

19:00

Mangia la cena, evita i cibi che causano indigestione.

20:00

Nessun esercizio dopo questo punto.

21:00

Fai la doccia, lavati i denti, prepara i vestiti per il giorno successivo. Non utilizzare schermate blu (telefono, tablet, computer) dopo questo punto.

22:00

Vai a letto. Incorporare esercizi visivi calmanti per aiutare ad allontanarsi.

6 ORE PRIMA DI LETTO

SMETTERE DI BERE CAFFEINA:

Prima di iniziare, pensa a quando vorresti svegliarti ogni mattina. Questo ti aiuterà a determinare a che ora dovrebbe iniziare il tuo programma.

Ricorda, i nostri corpi sono tutti diversi, quindi quando crei il tuo programma, creane uno che funzioni per te. Ad esempio, se sai che una tazza di caffè dopo cena influirà il tuo sonno, aggiungilo al tuo programma. E ricorda di inserire cose come la cena, la TV notturna, la lettura, portare a spasso il cane e altre attività quotidiane che devi fare.

La mia routine del sonno

Compila il programma di igiene del sonno riportato di seguito e seguilo ogni notte per ottenere un riposo completo di 7-8 ore .

Domande e sfide dei pazienti

Le pagine seguenti si concentrano sulle preoccupazioni o sui problemi che i pazienti incontrano durante la terapia cognitivo comportamentale per l'insonnia (CBT-I).

Molte, se non tutte, di queste aree di interesse si estendono durante l'intero corso della terapia piuttosto che essere specificamente correlate a una sessione o all'altra. Di conseguenza, in questa sezione del manuale, organizzeremo la discussione per area di contenuto, invece che per numero di sessione.

Preoccupazioni per i diari del sonno

I diari del sonno sono fondamentali per la conduzione della CBT-I. Sono la fonte di dati per questa forma di terapia basata sui dati. È interessante notare che, per quanto importanti siano per il trattamento, alcuni pazienti hanno difficoltà a rispettare questo aspetto fondamentale della terapia. Per alcuni pazienti, la preoccupazione sarà correlata alla possibilità o meno di riportare accuratamente i dati (soprattutto data la raccomandazione iniziale di non guardare l'orologio). Per altri pazienti, il compito stesso può essere troppo estraneo o può sembrare ridondante rispetto alle informazioni fornite durante il colloquio di assunzione. Per altri pazienti ancora, il problema potrebbe essere correlato alla mancanza di misurazioni oggettive.

Domande relative alla precisione dei rapporti

Paziente: Se non devo guardare l'orologio, come faccio a sapere cosa scrivere sul mio diario?

Terapeuta: la maggior parte delle persone ha un'idea abbastanza precisa di quanto tempo è trascorso e può fare stime ragionevoli su cose come "quanto tempo ti ci è voluto per addormentarti", "quanto tempo hai passato sveglio dopo esserti addormentato per la prima volta, " e così via. Quando misuriamo queste cose usando apparecchiature fantasiose, scopriremmo che la maggior parte delle persone stima queste variabili in modo abbastanza accurato, diciamo tra 5 e 30 minuti di ciò che mostrano le misure oggettive.

È vero che alcune persone sono più imprecise riguardo a questi giudizi, ma anche in questi casi queste persone sono imprecise in modo ragionevolmente affidabile - e questa è la cosa più importante per noi. Se tutte le tue stime sono disattivate in modo affidabile, siamo ancora in grado di monitorare come queste stime cambiano con il trattamento e, alla fine, è il cambiamento (la misurazione del miglioramento) che ci interessa .

Paziente: cosa succede se non riesco a capire se sono sveglio o dormo?

Terapista: Fai del tuo meglio. Per i nostri scopi non ci sono categorie intermedie. O sei sveglio o dormi. Scegli quello che pensi che sia e scrivilo sul diario. Le uniche voci di diario errate sono "nessuna voce" o punti interrogativi, ecc. Scrivi sempre un numero. Supponiamo che il numero rappresenti la tua migliore ipotesi.

Se desideri una regola pratica, posso offrirti questa: se non sei sicuro, è probabile che per la maggior parte del tempo in questione sei stato sveglio, quindi conta come "sveglia".

Paziente: A volte mi sembra di svegliarmi molte volte da periodi di sonno molto brevi. Cosa dovrei fare a riguardo?

Terapeuta: Come sempre, dipende da quale sia la domanda. Se la domanda è "Quante volte ti sei svegliato la scorsa notte, dopo esserti addormentato inizialmente ?" Quindi fai la tua ipotesi migliore.

Ad esempio, se ti senti come se ti fossi svegliato una dozzina di volte, il numero da registrare è "12". Se ti senti come se fossi sveglio solo un minuto o due, alla domanda "quanto tempo sei stato sveglio dopo esserti addormentato inizialmente", scegli il numero compreso tra 12 e 24 minuti che ti sembra giusto, quello che meglio rappresenta la tua sensazione di quanto tempo sei stato sveglio.

Paziente: E i sonnellini? Non faccio quasi mai un pisolino, ma a volte mi sdraio e mi riposo, anche se in realtà non dormo mai. Come dovrei registrarlo?

Terapeuta: nel corso della terapia, parleremo molto della questione del "sapere quando dormi" o della "percezione del sonno". Per il momento, quando registri i sonnellini sui diari del sonno, presumi di aver dormito tutto il tempo, a meno che tu non sia certo di quanto hai dormito o non hai dormito durante il pisolino.

Paziente: non capisco. Ho completato tutti i questionari sul sonno e ora devo farlo anche con i diari. Perché le informazioni che ho già fornito non sono adeguate?

Terapeuta: Bella domanda. Molte delle informazioni fornite nei questionari vanno benissimo e non è necessario che raccogliamo dati aggiuntivi. Ma nel caso specificamente correlato al tuo disturbo del sonno, abbiamo bisogno di raccogliere informazioni su base giornaliera per una settimana o due, in modo da poter vedere quanta variabilità c'è di giorno in giorno e quali fattori potrebbero contribuire a questo.

Oltre a questo c'è l'intera questione di come le persone arrivano a formare impressioni sulla loro malattia e, del resto , come le persone arrivano a formarsi impressioni su tutto ciò che accade nella loro vita su base variabile. La maggior parte di noi non ricorda ogni istanza (e forse questa è una buona cosa). La maggior parte delle persone escogita "regole pratiche". Le tre grandi regole pratiche che la maggior parte di noi usa per formare generalizzazioni sono: primato, salienza e attualità. Queste sono euristiche utili (modi per arrivare a generalizzazioni), ma sfortunatamente tendono a orientare le "medie" delle persone verso gli estremi. I diari ci permettono di aggirare questo problema e di basare le nostre medie sulla misura ripetuta delle cose che ci interessano.

Paziente: sono davvero sorpreso che non ci siano apparecchiature appariscenti per misurare il mio sonno e che tu faccia affidamento sui "diari". Anche il termine è un po 'inquietante. Mi sento come se dovessi prendere appunti sulla mia vita amorosa .

Terapeuta: Stai certo che non ti chiederemo di raccogliere dati sulla tua vita amorosa.

Come puoi vedere dal formato dei diari, siamo interessati a cose molto specifiche, la maggior parte delle quali sono solo legate alle tue impressioni quotidiane del tuo sonno. Il termine "diario" può essere uno sfortunato uno , perché non dare credito al valore di misura ripetuta valutazione. I dati che raccogliamo in questo modo sono fondamentali per ottenere un quadro accurato del tuo problema di sonno e serviranno per guidare il tuo trattamento.

Paziente: Bene. Ma perché l'auto-segnalazione? Non ci sono attrezzature fantasiose che puoi usare per raccogliere informazioni quotidiane sul mio sonno?

Terapeuta: In effetti c'è. Potremmo studiare il tuo sonno nel laboratorio del sonno, o persino rimandarti a casa con alcune apparecchiature di monitoraggio ambulatoriale e potremmo farlo ancora. Ma la nostra esperienza è che, nella maggior parte dei casi, i dati di autovalutazione giornalieri forniscono ciò di cui abbiamo bisogno per diagnosticare e trattare efficacemente la tua insonnia.

Paziente: Come può essere migliore di una misura oggettiva ?

Terapeuta: C'è di nuovo quella parola: "Meglio". È vero che l' attrezzatura di fantasia è più oggettiva ed è anche vero che tale attrezzatura ci permette di guardare a fattori che non possiamo valutare con i diari del sonno.

Ma per ora, il fattore che ci interessa di più è quello che ti ha portato per il trattamento in primo luogo; il fatto che senti di non dormire bene.

Ciò che è fondamentale per noi è che modifichiamo in modo programmatico e sistematico la tua sensazione di non dormire bene. Se non riusciamo a farlo entro le prossime 2-4 settimane, tiriamo fuori l' attrezzatura per cercare ciò che potrebbe essersi perso. Ha senso?

Paziente: Sì. Ma perché non salvare il passaggio e fare la valutazione di fantasia in anticipo?

Terapeuta: Verità. Le procedure "fantasiose" sono costose e né tu né la tua compagnia di assicurazioni vorrete pagare per tali cose a meno che non siano veramente indicate. In questo caso, indicato significa che hai bisogno di un'ulteriore valutazione perché non hai risposto al trattamento di prima linea. Ma per non essere troppo cinico, la stragrande maggioranza dei pazienti che vengono visti in questo servizio migliora e mantiene i propri guadagni senza mai aver bisogno di ulteriori valutazioni. Quindi c'è una certa saggezza nell'attendere che le cose di fantasia vengano indicate prima di eseguire tali procedure.

Paziente: non riesco a ricordarmi di compilare il mio diario ogni giorno. A volte nel corso della giornata mi ricorderò, ma poi è difficile capire i numeri. Quindi decido di provare a fare meglio domani, ma mi sembra sempre di dimenticare.

Terapeuta: Come sai, abbiamo davvero bisogno di questi dati. Quindi cerchiamo di trovare un modo che ti aiuti a ricordare.

Una cosa che puoi provare è mettere il diario sul cuscino ogni mattina in modo che quando torni a letto la sera sarà lì per ricordarti di riempirlo. Quindi metti il diario sul pavimento approssimativamente dove atterreranno i tuoi piedi quando ti alzerai dal letto la mattina.

Anche in questo caso ti costringerà a vedere il diario, a quel punto potrai ricordarti di riempirlo velocemente e di rimetterlo sul cuscino.

Problemi di farmaci

Se il sonno del paziente è "perfetto" con gli ipnotici e il paziente non vuole interrompere la farmacoterapia, è improbabile che si presenti per il trattamento. Nei casi in cui questi pazienti cercano un trattamento, il loro obiettivo è di solito interrompere il trattamento dopo la CBT-I. Pertanto , la domanda è: "Questa è una strategia praticabile?" Riteniamo che di solito sia meglio ridurre gradualmente il farmaco prima dell'inizio del trattamento per almeno tre motivi. In primo luogo, consentirà al medico di stabilire una linea di base per l'aspetto del sonno del paziente quando è libero da farmaci. In secondo luogo, aiuta a evitare il ritiro post-trattamento. Cioè, il paziente può ottenere guadagni sostanziali con la CBT-I solo per vederli temporaneamente annullati quando il farmaco viene interrotto durante o dopo la terapia. Terzo, l'uso concomitante di ipnotici insieme alla CBT-I può interferire con le attribuzioni del paziente riguardo all'efficacia della CBT-I.

Va notato, tuttavia, che spesso il sonno del paziente non è "perfetto" con gli ipnotici, soprattutto se i farmaci sono stati utilizzati per un periodo di tempo prolungato. Diversi studi dimostrano che il sonno dei pazienti con insonnia durante e dopo l'assunzione di farmaci è notevolmente simile (74). Un'ultima testimonianza di ciò è che molti pazienti cercano un trattamento CBT-I mentre continuano a usare sedativi. Ciò si verifica probabilmente, in parte, perché il paziente non desidera assumere continuamente farmaci, e in parte perché i farmaci non hanno fornito ciò che costituisce "buon sonno". Così si è probabile che la maggior parte dei pazienti sarà interessato a, e conforme con, lo sforzo di interrompere la terapia farmacologica, e di farlo a trattamento iniziazione.

Infine, c'è questa domanda: "Gli ipnotici hanno un'efficacia prolungata e / o un potenziale curativo?" In assenza di dati che suggeriscano il contrario, sembrerebbe che l'uso a lungo termine di ipnotici sedativi sia palliativo. Nella migliore delle ipotesi, i farmaci forniscono un buon sollievo dai sintomi, fintanto che il paziente viene mantenuto sul farmaco. Nel peggiore dei casi, alcuni o tutti gli ipnotici sedativi producono tolleranza, promuovono l'insonnia di rimbalzo e sopprimono le forme di sonno che si ritiene abbiano funzioni come il consolidamento della memoria (75-78), la regolazione dell'umore (79-81) e il ripristino dei tessuti (82; 83) Ciò è particolarmente vero per le benzodiazepine ed è meno probabile che si applichi ai sedativi di nuova generazione della classe delle benzodiazepine non benzo. Dato lo scenario peggiore e la dimostrata efficacia a lungo termine della CBT-I, il corso di trattamento più razionale è quello di far interrompere al paziente l'uso degli ipnotici. Il dialogo seguente serve per illustrare come il soggetto della sospensione del farmaco viene affrontato con il paziente.

Paziente: Se ho intenzione di smettere di prendere i farmaci per il sonno, posso aspettare fino a quando non avremo finito il trattamento?

Terapista: l'obiettivo è interrompere l'assunzione di farmaci prima dell'inizio del trattamento. Ci sono diverse ragioni per questo, non ultima è che dobbiamo avere una chiara comprensione di come appare il tuo sonno quando non stai usando i farmaci per il sonno.

Paziente: posso dirti com'è perché l'ho interrotto tre settimane fa per una notte e non ho dormito affatto.

Terapeuta: posso ben immaginare. Questi farmaci, se interrotti bruscamente, possono causare quella che chiamiamo "insonnia di rimbalzo". Ciò significa una ricorrenza della tua insonnia in una forma che è probabilmente più grave di quella che avevi prima di iniziare il trattamento. Questo è un effetto della droga e non si tratta di smascherare la tua insonnia, come esiste oggi.

Probabilmente è anche vero che sono in gioco fattori psicologici.

Cioè, potresti aver creduto che non avresti dormito senza i farmaci per il sonno e quando hai smesso di prenderli probabilmente hai iniziato a preoccuparti del tuo sonno. La combinazione delle tue aspettative e preoccupazioni probabilmente ha aggravato il problema che si è verificato semplicemente a causa del ritiro. Il risultato: "non hai dormito affatto".

Paziente: Allora cosa posso fare? Non posso ripeterlo di nuovo, è stata una pura tortura.

Terapeuta: il piano è di svezzarti più lentamente dal farmaco per ridurre al minimo il ritiro. Anche se dormirai peggio per un breve periodo, una volta che sei completamente fuori per una settimana circa, potresti scoprire che il tuo sonno migliora spontaneamente. Per molti dei nostri pazienti che usano gli ipnotici cronicamente, una volta superato il ritiro scoprono che il loro sonno è buono come lo era prima di usare i farmaci. E molti pazienti, scoprono (ironicamente) che una volta passato il ritiro, il loro sonno è più o meno lo stesso quando si assumono i farmaci.

Il trattamento richiede un lavoro duro da parte tua e ci vorrà tempo per tornare a delle buone dormite.

Paziente: Quindi stai dicendo che è meglio farla finita e poi sistemare il mio sonno.

Terapeuta: Esatto!

Paziente: cosa succede se il mio medico non vuole che smetta di usare i miei farmaci?

Terapista: nella maggior parte dei casi, i medici sono più che felici di farti diminuire l'uso dei farmaci per il sonno. Questo perché c'è un chiaro consenso sul fatto che gli ipnotici non "curano", non producono un sonno normale e possono creare dipendenza psicologica. Quindi, con ogni probabilità andrà bene con il tuo medico.

Paziente: Beh, in realtà penso che andrà bene, quindi smetterò il farmaco a partire da stasera.

Terapeuta: come abbiamo detto prima, dobbiamo consultare il tuo medico e mettere insieme un piano per svezzarti dal farmaco. Vogliamo massimizzare la probabilità di una conicità regolare e di successo.

Paziente: qual è il problema? Sei mesi fa non stavo assumendo questi farmaci, quindi perché non tornare a quello ora? Non può ferirmi!

Terapeuta: Hai ragione. Non è probabile che ti faccia del male. Ma è possibile.

A volte un ritiro rapido può non solo essere scomodo, ma pericoloso. Come abbiamo detto prima, staccarsi troppo velocemente può causare convulsioni, a seconda del farmaco. Quindi è davvero meglio che ci consultiamo con il tuo medico e lavoriamo con lui / lei in modo collaborativo.

Terapeuta: Vedo dai tuoi diari che stai ancora prendendo sonniferi. Come mai?

Paziente: Beh, ho provato a smettere di prendere il farmaco, ma dopo tre giorni in cui non dormivo...

Terapeuta: Non c'è dubbio che questo sia difficile. Purtroppo questo richiederà quasi sicuramente più di tre giorni. Potrebbe essere necessaria una settimana o più prima che il sistema torni alla normalità. Come per tutto, la coerenza è la chiave. Quando ti sei fermato per tre giorni e poi hai ripreso il farmaco, essenzialmente hai sofferto senza motivo. Quindi, sarebbe meglio non ricominciare questo processo finché non sei pronto per portarlo a termine. Una volta che inizi a ridurre i farmaci, l'obiettivo resistere fino alla fine, qualunque cosa accada. Forse sarà utile pensarla in questo modo: sarà molto più facile che smettere di fumare o bere. Una settimana e il gioco è fatto.

Paziente: tornerò mai a prendere i farmaci?

Terapeuta: La nostra speranza, se hai successo in questa terapia, è che non avrai mai più bisogno di usare regolarmente i sonniferi.

Paziente: non so se posso farlo. Ho paura che proverò di nuovo per tre giorni e mi arrenderò di nuovo.

Terapeuta: tieni presente che c'è una luce alla fine del tunnel e devi mantenere la rotta per arrivarci. Se continui ad andare a metà del tunnel e poi ti giri ed esci, semplicemente non arriverai dove stai andando e sarai nella posizione di dover ricominciare tutto da capo. Morale della favola: una volta nel tunnel, segui la luce e non fermarti finché non sei dall'altra parte.

Paziente: e se non ci arrivo mai?

Terapeuta: È nostra sincera convinzione che se fai il lavoro correttamente, arriverai dall'altra parte. Se dovessimo scoprire, tuttavia, che dopo una o due settimane che questo non funziona per te, indipendentemente dagli aggiustamenti che facciamo, possiamo sempre tornare a usare i farmaci. Forse farmaci diversi da quelli che stai usando ora. Ma quando ci arriveremo, attraverseremo quel ponte. Per ora il compito è andare avanti nel tunnel.

Paziente: cosa succede se la perdita di sonno si protrae per più di pochi giorni. . . cosa succede se la perdita di sonno si protrae per alcune settimane. Non può farmi male non dormire affatto?

Terapista: Sì. Ma la quantità di perdita di sonno deve essere piuttosto consistente. Se estrapolassimo dai dati animali parleremmo di mesi di totale privazione del sonno per produrre malattie gravi e anche qui questo sarebbe reversibile. La cosa più importante da ricordare è, come dicono gli atleti, "nessun dolore, nessun guadagno".

Preoccupazioni sugli effetti negativi del trattamento

Come ci si avvicina a una persona che è preoccupata che i transitori effetti collaterali negativi della CBT-I possano interferire con la loro funzione quotidiana?

Paziente: ok. Bene. Non morirò né mi ammalerò. Ma per quanto riguarda l'effetto del mio non dormire o dormire bene sul mio lavoro? Ho un lavoro importante e devo dare il massimo. Non posso permettermi di essere privato del sonno!

Terapeuta: ho capito. Cosa è successo in passato, prima che usassi farmaci?

Paziente: Oh è stato orribile! Ero pigro, assonnato e non riuscivo a pensare chiaramente. Non potevo proprio funzionare!

Terapeuta: Quindi hai smesso di andare a lavorare?

Paziente: No, sono andato a lavorare, ma è stato terribile.

Terapeuta: E mentre eri lì, hai svolto del lavoro?

Paziente: Beh, alcuni, ma non quanto avrei voluto.

Terapeuta: Qualcuno al lavoro ha commentato questo?

Paziente: Molte persone hanno detto che sembravo stanco.

Terapeuta: Sì, ma hanno commentato il tuo lavoro?

Paziente: No, non esattamente.

Terapeuta: Hai commesso dei grossi errori che ti hanno tormentato o messo a repentaglio il tuo lavoro?

Paziente: No, niente del genere.

Terapeuta: Quanto tempo hai avuto problemi a dormire prima di prendere i farmaci?

Paziente: almeno quattro mesi.

Terapeuta: Quindi durante quel periodo sei stato privato del sonno, ma hai funzionato abbastanza bene al lavoro per portare a termine le cose e non essere licenziato!

Paziente: Sì, ma è stata dura!

Terapeuta: Certamente. Sono certo che sia stato molto difficile, ma non hai davvero smesso di funzionare. Ti sentivi stanco e schifoso, ma hai funzionato abbastanza bene. E nemmeno tu sei venuto con una malattia terribile .

Paziente: non posso vivere così!

Terapeuta: E nessuno te lo chiede. Ricorda, il piano è di tenerti lontano dai farmaci abbastanza a lungo da liberare il tuo sistema.

Quindi, lavoreremo insieme in modo efficiente per rimettere in sesto il tuo sonno . Come quando è iniziata l'insonnia, stai affrontando diverse settimane di sonno scarso e ti senti male. A differenza di quando è iniziata l'insonnia, questa volta hai un obiettivo a cui mirare e un piano. Questa volta c'è "una luce alla fine del tunnel".

Come ci si avvicina a una persona che è preoccupata che gli effetti collaterali negativi transitori della CBT-I possano interferire con la loro funzione quotidiana e che ha sperimentato esiti negativi correlati o attribuiti a un sonno povero?

Il "trucco" qui è trovare alcuni aspetti della vita del paziente che hanno funzionato durante il periodo di tempo in cui ha avuto esiti negativi. L' idea è di convincerlo a concentrarsi sul fatto che era il suo disagio a essere invalidante e non l'incapacità di funzionare da parte sua. Una volta capito questo, potrebbe essere più disposto a tollerare il disagio.

Paziente: Quando ero privato del sonno, spesso smettevo di vedere gli amici e non uscivo. È stato semplicemente orribile.

Terapeuta: Ci sono state volte in cui ti sei costretto ad uscire e vedere gli amici o andare a lavorare?

Paziente: Sì, a volte ho dovuto farlo, ma è stato estremamente difficile.

Terapeuta: cosa è successo?

Paziente: sono uscito, ma non era affatto divertente. Mi trascinavo e dovevo spingere me stesso per tutto il tempo.

Terapeuta: Sei riuscito a conversare, mangiare e così via?

Paziente: Sì ma . . . .

Terapeuta: Riesci a pensare a un momento specifico come questo?

Paziente: Sì, la laurea di mio nipote.

Terapeuta: Ti sei divertito? Hai riso un po '? Eri orgoglioso?

Paziente: Assolutamente ne ero orgoglioso!

Terapeuta: Quindi non tutto il tuo tempo è stato completamente pessimo. Sono sicuro che è stata dura e tu eri stanco, ma ti sei divertito un po'. Paragonalo a quando eri seduto a casa. Ti sei divertito allora?

Paziente: No, la maggior parte delle volte combattevo solo per restare sveglio.

Terapista: Hmmm. Quindi, a conti fatti, non compensare ha avuto un risultato migliore? Cioè, uscire e fare qualcosa (anche se non ti senti al meglio) è meglio che lasciare che l'insonnia abbia la meglio su di te (costringendoti a fare qualcosa di meno desiderabile).

Paziente: Sì, credo che è cosi.

Terapeuta: Facciamo un ulteriore passo avanti. Dopo una brutta notte, o una serie di brutte notti, quando riorganizzi la tua vita per accogliere il fatto che ti senti male, questo significa che l'insonnia ha avuto necessariamente un esito negativo. Questo e non c'è modo per te di sapere cosa sarebbe potuto succedere se avessi resistito. Forse le cose sarebbero andate bene, o meglio che bene. Ma invece, riorganizzando il tuo programma, l'unica cosa da imparare o sperimentare è che l' insonnia porta a cose negative.

Paziente: non sono sicuro del motivo per cui sono qui. Il mio medico ha già lavorato con me sulle cose comportamentali.

Terapeuta: Intendi il tuo medico di base? La persona che vedi per i tuoi fisici annuali e quando non ti senti bene?

Paziente: Sì.

Terapeuta: Quando dici "cose comportamentali", cosa intendi?

Paziente: mi ha consegnato un elenco di regole e poi abbiamo fatto qualcosa chiamato "controllo dello stimolo".

Terapeuta: L'elenco era "Cose da fare e da non fare" in cui, ad esempio, ti è stato detto di evitare i prodotti contenenti caffeina?

Paziente: Sì. Questo è tutto.

Terapista: Esatto. Questo è indicato come istruzioni per l'igiene del sonno. L' idea è che ci sia una varietà di cose che si possono fare e non fare che renderanno più facile addormentarsi e rimanere addormentati. L'idea di una buona "lista delle cose da fare" per dormire è buona, ma troppo semplice e troppo assoluta. Ancora più importante, i dati mostrano chiaramente che le istruzioni per l'igiene del sonno non sono, di per sé, efficaci.

Paziente: il mio medico ha anche eseguito la limitazione del sonno con me.

Terapeuta: cosa ha comportato questo?

Paziente: andare a letto più tardi. Diceva mezzanotte, ma di solito andavo a letto alle 11:45 e mi alzavo a un orario prestabilito.

Terapeuta: A che ora ti sei alzato dal letto?

Paziente: Stessa ora del solito: 7:30.

Terapista: Hmmm. Bene, ma ci sono anche tutta una serie di differenze che sono fondamentali per il corretto svolgimento di questa terapia. Ad esempio, una parte molto reale della SRT è la necessità di limitare la quantità di tempo di sonno che si ottiene per poche settimane. L'idea qui è quella di utilizzare la perdita di sonno per garantire alle persone l'esperienza di addormentarsi rapidamente. Come prescritto dal tuo medico, sarai in grado di accumulare fino a 7,5 ore di sonno. È improbabile che ciò produca il tipo di perdita di sonno necessaria per produrre brevi latenze del sonno o un'elevata efficienza del sonno .

La linea di fondo qui è che, sebbene ben intenzionato, ciò che il tuo medico ti ha fatto fare non è la forma standard di trattamento; non la forma di terapia che è stata studiata negli studi clinici e ha dimostrato di avere una buona efficacia. È per questo che siete qui, per ottenere il "vero te".

Paziente: Quindi ho fatto parte del trattamento, ma non tutto?

Terapeuta: Esatto. Sembra che le forme di trattamento in cui ti sei impegnato siano davvero quelle che faremo qui. Ma ci sono molte differenze critiche.

Le differenze includono:

• Cambiamenti minori nei protocolli di trattamento in modo che si adattino meglio al tuo caso.

• Il trattamento sarà condotto in modo guidato e supervisionato. Cioè, lavoreremo a stretto contatto con te per assicurarci che tu stia facendo quello che dovresti fare e quando dovresti farlo. Un po'come avere un fisioterapista o un istruttore, qualcuno che lavora con te per aiutarti a realizzare ciò che altrimenti potrebbe essere troppo difficile.

• La nostra forma di trattamento sarà "data driven". Cioè, prenderemo misure settimanali in modo da sapere esattamente "come stai" e possiamo apportare modifiche al tuo trattamento solo sulla "forza dei dati".

Conclusione: pensa all'insonnia come a un muro che devi superare. Con buone intenzioni, qualcuno ha detto: "So di cosa hai bisogno, hai bisogno di una scala ". E avevano ragione; hai bisogno di una scala.

Ma invece di darti una scala, ti hanno dato due binari e alcuni pioli e hai fatto del tuo meglio per mettere insieme la scala. Ma il problema è che avevi solo un paio di pioli e i pioli erano ravvicinati in fondo. Il mio compito è fornire più gradini e distanziarli in modo che te riesci ad arrivare in cima.

Gran parte della resistenza a procedure come la restrizione del sonno e il controllo dello stimolo derivano dalla paura degli effetti che tale privazione del sonno avrà durante il giorno. Domande su resistenza, produttività e malattia sorgeranno più o meno nello stesso modo in cui è stato discusso riguardo ai timori di ridurre i farmaci per il sonno. Pertanto, le strategie impiegate per abbattere la resistenza alla riduzione dei farmaci possono essere utilizzate qui e non devono essere elaborate di nuovo. Tuttavia, ci sono alcune preoccupazioni uniche che vengono sollevate da queste procedure e di solito devono essere affrontate a un certo punto della terapia.

Come sempre, le chiavi per ridurre la resistenza comporteranno la fornitura di un buon fondamento logico per le tecniche da impiegare e la certezza che il paziente sviluppi un'aspettativa positiva su ciò che accadrà. Una volta che ciò è stato fatto, è probabile che il paziente abbia molte domande su come eseguire al meglio queste procedure. Per quanto riguarda la limitazione del sonno e il controllo degli stimoli, può essere necessario dedicare molto tempo a come il paziente può rimanere sveglio per lunghe ore serali che a volte sono richieste da questi interventi.

Paziente: Come farò a stare sveglio fino alle due del mattino?

Non c'è modo che io possa restare sveglio fino a tardi.

Terapeuta: Sei mai stato sveglio fino alle due del mattino?

Paziente: Beh, sì, suppongo di sì, come per la notte di Capodanno, ma è diverso.

Terapeuta: Penso che tu abbia appena colpito nel segno. Una delle cose che lo hanno reso possibile, a parte il fatto che eri più giovane, è che eri "occupato". Quindi una risposta alla tua domanda "Come farò a stare sveglio fino alle due del mattino?" è pianificare quante più attività serali possibile.

Paziente: Sì, ma ci sono solo tante attività che posso ragionevolmente aspettarmi di fare la sera, notte dopo notte.

Terapeuta: Vero, ma comunque può essere utile fare un elenco di cose che puoi fare la sera. Alcuni di questi potrebbero richiedere una pianificazione. Ad esempio, potresti voler noleggiare diversi film, acquistare nuovi giochi per il computer o acquistare i materiali per avviare un nuovo progetto artistico. La cosa importante qui è identificare le cose che faranno passare il tempo e l'esperienza relativamente piacevole - questo e assicurarsi di non essere scoperti più tardi senza niente da fare e sentirsi assonnati, o letteralmente dormendo, sul divano.

Paziente: Va tutto bene, ma continuo a non pensare di poter essere così attivo ogni notte. E alcune di quelle cose che suggerisci, come guardare film, probabilmente mi faranno addormentare comunque.

Terapeuta: abbastanza giusto. Ci saranno momenti in cui è inevitabile sentirsi assonnati, ma ci sono ancora dei passaggi che puoi fare per assicurarti di rimanere sveglio. Quando sei seduto, assicurati di sederti in avanti sulla sedia o sul divano, in modo che se inizi ad addormentarti, ti spaventerà e ti sveglierà . Quando raggiungi un punto in cui ti addormenti mentre sei seduto, alzati e magari metti dell'acqua fredda sul viso e sul collo. Questi passaggi dovrebbero avere l'effetto desiderato di permetterti di sederti per un po 'più a lungo. Ma se poi ti senti di nuovo assonnato, ripeti semplicemente i passaggi e questo dovrebbe essere sufficiente per portarti all'ora di andare a letto programmata.

Paziente: non posso vivere la mia vita in questo modo; è pazzesco!

Terapeuta: So che sembra una follia. Cerca di ricordare che questo è un "concerto" a breve termine. Nessuno si aspetta che tu viva la tua vita in questo modo. Ricorda che man mano che il tuo sonno diventa più solido , aumenteremo la quantità di tempo che trascorri a letto. Man mano che dormi di più con maggiore efficienza, ci aspettiamo che ti sentirai meno assonnato la sera e, naturalmente , prima o poi andrai a dormire prima. Ricorda che c'è una luce alla fine del tunnel.

Paziente: Non potrei andare a letto un paio d'ore prima e vedere cosa succede?

Terapeuta: non l'hai fatto in passato?

Paziente: Sì

Terapeuta: E qual è stato il risultato?

Paziente: Beh, immagino che di solito mi sveglio più spesso o mi sveglio troppo presto la mattina e non riesco a riaddormentarmi.

Terapeuta: Quindi andare a letto prima di solito non funziona per te. Quindi proviamo a modo nostro per alcune settimane.

Paziente: ok.

Terapeuta: Un'ultima ironia qui di cui vorrei che prendessi nota. Quando sei venuto per la prima volta a chiedere aiuto per dormire, la tua lamentela era che non riuscivi ad addormentarti. Ora di cosa ci troviamo a parlare? Il fatto che "non puoi restare sveglio". Ironico eh? Dobbiamo essere sulla strada giusta, eh?

Paziente: (ride) Immagino.

3 tecniche vitali di CBT per il disturbo ossessivo compulsivo

Il disturbo ossessivo compulsivo è una dittatura interna che rimuove la volontà personale

La mente può diventare la sua stessa schiava.

Paola era ossessiva compulsiva. Aveva lo sguardo logoro, spensierato, esausto ma agitato che ho visto fin troppo spesso.

"Devo solo deglutire un certo numero di volte prima di uscire o entrare in casa", mi ha detto.

"Quante volte?"

"Cinquecento volte. Mi dà sempre mal di stomaco. Ma non è niente. Mi prendo un'ora per andare al lavoro la mattina prima di poter anche arrivare alla fase di deglutizione. Vado avanti e indietro, avanti e indietro controllando la porta d'ingresso, controllando che sia chiusa, controllando che sia bloccata ... ancora e ancora. "

"Come fai a sapere quando smettere di controllare?"

Sembrava che Paola non ci avesse davvero pensato.

"Be ', io in un certo senso... è come se avessi finito. È come se non mi importasse più se quella dannata cosa è chiusa o bloccata. Perché se non vado adesso farò tardi. Qualcosa dentro di me sa solo che ho controllato abbastanza ... anche se posso ancora preoccuparmene durante il giorno! "

Paola era uno dei milioni di persone che soffrono di disturbo ossessivo compulsivo (DOC). Una volta che i viticci contorti di questa condizione prendono piede, non si lasciano andare, almeno non senza combattere.

I praticanti possono spesso sentirsi bloccati quando trattano questa condizione emotiva più malevola. Ma ci sono modi per aiutare a svelare la presa che questa condizione ha sui nostri clienti e forse anche curarla.

Quindi con cosa abbiamo esattamente a che fare quando cerchiamo di sganciare il disturbo ossessivo compulsivo?

OCD, il tiranno malevolo

Il disturbo ossessivo compulsivo è guidato dall'ansia. È una condizione di stress; è generato dallo stress. Ma è anche un modo difettoso di cercare di affrontare le ansie: "Se eseguo il rituale, forse posso placare gli dei abbastanza da lasciarmi in pace!"

Il malato si sente obbligato a eseguire ripetutamente rituali: lavarsi le mani, schiarirsi la gola o lavarsi le mani finché non sono rosse. La persona potrebbe non essere in grado di pensare a nient'altro che all'agenda ritualistica.

Il disturbo ossessivo compulsivo fa sentire alle persone di non avere scelta, nessuna volontà se non quella di cedere alle richieste delle loro preoccupazioni ossessive.

Inoltre, il disturbo ossessivo compulsivo sembra conferire comfort, almeno inizialmente. Fai questo o quello abbastanza e un destino terribile può essere scongiurato. Ma, come con qualsiasi comportamento ripetitivo , l'abitudine prende gradualmente il sopravvento - e questo significa che più fai, più devi fare. Cinquanta lavaggi a mano diventano settanta, diventano cento ... e così via.

Ma ovviamente, sebbene le ossessioni e le compulsioni siano connesse e l'una spesso conduce all'altra, non sono proprio la stessa cosa.

Alcune ossessioni e compulsioni comuni

Molti di noi sono ossessionati occasionalmente. La misura in cui possiamo rilassarci riguardo all'immaginazione ossessiva, allontanarci da esse e lasciarle svanire (come ci insegna l'addestramento alla consapevolezza) determina la probabilità che i pensieri ossessivi si trasformino in azioni compulsive.

E la misura in cui possiamo verificare la validità dell'immaginazione ossessiva (con la calma neocorteccia prefrontale del cervello) determina la misura in cui crediamo effettivamente nella nostra immaginazione.

I pensieri ossessivi comuni riguardano:

Concentrarsi su ordine e simmetria

Concentrarsi sullo sporco o sulla contaminazione da germi

Immaginare un errore che è stato o potrebbe essere commesso

Paura dei pensieri "peccaminosi" o malvagi

Paura di fare o dire qualcosa di inappropriato, come gridare in una biblioteca

Rimanere mentalmente "bloccati" su certe idee, numeri, parole e immagini che non andranno via

Paura di danneggiare un'altra persona, nonostante non abbia intenzione di farlo.

È interessante notare che non ho mai conosciuto nessuno che fosse ossessionato dal ferire gli altri per farlo davvero. Quindi, molti di questi pensieri non si trasformano in compulsioni comportamentali.

Le compulsioni tipiche includono:

- Raccolta o accumulo di oggetti
- Lavarsi ripetutamente le mani o fare il bagno
- Organizzare l'ambiente in un modo specifico
- Ripetizione di parole o frasi particolari
- Esecuzione di attività un certo numero di volte
- Conteggio costante
- Controllare continuamente cose, come che le porte siano chiuse o che il forno sia spento.

La cosa importante da considerare su quest'ultimo punto è che il controllo non aiuta perché l'evidenza dei sensi è scavalcata dai dubbi generati dall'immaginazione.

A livello di sasso / carta / forbici, l'immaginazione batterà sempre i pensieri (guadagnando e bloccando la nostra attenzione) perché è allineata con l'emozione, e l'emozione richiede attenzione.

Allora perché le persone sviluppano il disturbo ossessivo compulsivo?

Perché lo fai?

Sembra che ci siano certamente alcuni tratti innati della personalità che predispongono al disturbo ossessivo compulsivo, come il nevroticismo (provare facilmente emozioni negative) e la propensione al perfezionismo disadattivo. Ma è anche importante considerare quali esigenze OCD sembra soddisfare per la persona.

Alcune persone riferiscono di sentirsi dissociate o "troncate" durante i periodi di rituali ossessivi. Potrebbero riferire che un'ora di lavaggio delle mani sembra cinque minuti, o che la loro vita abituale svanisce durante questi periodi.

Quando entriamo in trance, scappiamo dalla nostra consueta modalità di coscienza. Per alcune persone il loro stato d'animo abituale non è quello che gli piace molto. Quindi lo stato di trance del controllo compulsivo può essere un modo per sfuggire alla vita di tutti i giorni.

Ma c'è un'altra esigenza che il DOC può sembrare promettere di completare.

Chi controlla chi?

Oltre a sentirsi al sicuro, un altro bisogno emotivo vitale dell'uomo è sentire di avere un certo controllo sulle nostre vite. Il disturbo ossessivo compulsivo inizia spesso con il concetto "Se lo faccio, allora succederà (o non succederà)!" I disastri possono essere evitati e le catastrofi possono essere evitate. Il destino può essere controllato. Ma ovviamente, dopo un po 'le compulsioni ossessive iniziano a controllare la persona che le ha.

Potremmo tutti avere il pensiero o l'azione ossessiva occasionale, ma quando le persone sono alle prese con il disturbo ossessivo compulsivo la loro intera vita può iniziare a concentrarsi sul suo programma tirannico, irragionevole e sconvolgente.

Ma c'è qualcos'altro che dobbiamo capire sul disturbo ossessivo compulsivo.

Gli effetti dell'immaginazione tossica

Il disturbo ossessivo compulsivo non è un disturbo del pensiero, è un disturbo dei sentimenti. I sentimenti producono i pensieri, non il contrario.

Questo non vuol dire che la terapia cognitivo comportamentale per il disturbo ossessivo compulsivo sia inutile. Catturare i pensieri e sfidarli, e ovviamente cambiare deliberatamente il comportamento , può interrompere il modello del disturbo ossessivo compulsivo e rendere più facile imparare a non soccombere. E non avrei offerto le mie tecniche CBT preferite per la condizione se non sentissi che la CBT ha un valore per il trattamento del disturbo ossessivo compulsivo.

Ma qualsiasi approccio cognitivo deve far parte di una più ampia comprensione di come le emozioni guidano gli esseri umani.

La vecchia idea che produce sentimenti e pensieri è morta nell'acqua quando si tratta di sentimenti davvero forti. Dobbiamo guardare al ruolo non solo dei pensieri ma dell'immaginazione quando si tratta di qualsiasi condizione emotiva.

Recenti ricerche hanno scoperto che non solo i compulsivi ossessivi sono dissociati dalla realtà durante la trance dell'ossessionalità (e quindi non necessariamente pensano affatto), ma si affidano anche fortemente alla loro immaginazione come guida alla realtà.

Questa tendenza a mescolare la fantasia con la realtà, nota come "confusione inferenziale", fa sì che una persona creda alla propria fantasia rispetto alle percezioni immediate della realtà. Quindi possono vedere che le loro mani sono pulite, ma immaginano di essere contaminate.

Una volta che smettiamo di prendere spunto dalla realtà osservabile, diventiamo preda della nostra immaginazione.

L'immaginazione è un attore importante nella formazione e nel mantenimento del disturbo ossessivo compulsivo, al di là delle convinzioni e degli stati d'animo. L'ossessivo non pensa che le proprie mani siano contaminate, ma si sente come se lo fossero. Questa è una distinzione importante e ci mostra perché il solo tentativo di affrontare la parte pensante di una difficoltà emotiva può essere lento, laborioso e inefficace.

Se immagino che l' aereo su cui sto per decollare si schianterà, potrei non pensare che lo farà, ma potrei pensare che lo farà. Dobbiamo calmare i sentimenti prima di poter sfidare i pensieri. Questo è il motivo per cui tutti i terapisti della CBT devono sapere come calmare i sentimenti.

Dobbiamo calmare i sentimenti prima di poter sfidare i pensieri

Finché la pozza d'acqua continua a ribollire, non può esserci alcun riflesso chiaro.

Il DOC non è solo un disturbo del pensiero

Il disturbo ossessivo compulsivo è un disturbo dell'immaginazione. Quindi, poiché l'ipnosi clinica è un modo utile per accedere e aiutare le persone a imparare a controllare l'immaginazione, un numero crescente di professionisti utilizza questo strumento terapeutico come parte del trattamento del DOC.

L'ipnosi può essere un modo estremamente potente per trattare il disturbo ossessivo compulsivo perché, essenzialmente, la condizione stessa è ipnotica.

Le persone con disturbo ossessivo compulsivo possono essere viste come fobiche di non eseguire un rituale. Se possiamo aiutarli a rilassarsi profondamente come immaginano, diciamo, lavandosi le mani non 100 volte ma solo una volta, possiamo aiutarli a rilassarsi allontanandosi dal sostegno del rituale (che è davvero un bastone per picchiarsi!). A volte userò la tecnica del riavvolgimento, un metodo solitamente utilizzato per la risoluzione rapida e confortevole di fobie e disturbo da stress post-traumatico.

Una volta placata l'ansia, possiamo cercare di aiutare i nostri clienti ad acquisire un senso di maggiore controllo nelle loro vite. È a quel punto del trattamento che possiamo iniziare ad affrontare pensieri e comportamenti . Quindi, con tutto questo in mente, ecco le mie tre tecniche CBT preferite per il disturbo ossessivo compulsivo.

Tecnica CBT per il disturbo ossessivo compulsivo 1: trova il bisogno sottostante

Una volta che abbiamo insegnato al nostro cliente a rilassarsi profondamente, possiamo considerare fino a che punto il disturbo ossessivo compulsivo è stato un tentativo sciatto di soddisfare i suoi bisogni emotivi primari e insegnare al cliente cosa significa. Possiamo provare mentalmente con loro un tipico momento in cui la compulsione ossessiva alza la testa, usando la tecnica del SALE:

Fermati e concentrati su ciò che sta accadendo.

Chiedi all'OCD cosa sta cercando di fare per te in questo momento.

Ascolta quello che sta cercando di fare per te (come cercare di farti sentire al sicuro o avere il controllo).

Pensa a tre modi in cui potresti sentirti più sicuro o avere più controllo al di fuori del disturbo ossessivo compulsivo e annotali.

Ad esempio, se abbiamo insegnato al cliente una tecnica di respirazione per il rilassamento veloce o l'autoipnosi, questi sono altri modi in cui possono rilassarsi. Rilassarsi è sentirsi al sicuro.

Possiamo anche guardare a come possono soddisfare i loro bisogni emotivi di base in modi più sani in generale, in modo che la ragion d'essere del DOC inizi a svanire.

Tecnica CBT per il disturbo ossessivo compulsivo 2: concentrarsi e fidarsi della realtà osservabile

Poiché il disturbo ossessivo compulsivo spinge le persone ad abusare della loro immaginazione e quindi a dare la priorità alla fantasia rispetto alla realtà osservabile, può essere utile aiutare le persone a concentrarsi sul qui e ora.

Un esercizio che a volte faccio con le persone che soffrono di disturbo ossessivo compulsivo è farle chiudere gli occhi, dire loro che applaudirò e chiedere loro di dirmi quando ho effettivamente applaudito e quando (tra i veri applausi) hanno immaginato che io abbia applaudito. Non ho mai avuto nessuno in grado di distinguere i veri applausi dai suoni immaginati. Questo esercizio rafforza la fiducia del cliente nell'affidare i propri sensi al di sopra delle proprie immaginazioni.

Quindi li farò rilassare profondamente e immaginerò i tempi tipici in cui il DOC cerca di imporre la sua volontà (perché non è realmente la loro volontà) e scoprirà che possono fidarsi dei loro occhi per sapere che la porta è chiusa o che le loro mani sono pulite ... abbastanza !

Possiamo chiedere loro di concentrarsi su tre cose che possono effettivamente vedere: ad esempio, una porta, una finestra e un'altra persona. Possono quindi esaminare nella loro mente tre cose sulla porta (è gialla, è chiusa a chiave, è alta circa 7 metri), tre cose sulla finestra e così via.

Questa è una tecnica di distrazione, sì, ma è anche un modo per passare dall'immaginazione all'osservazione. Più calma la persona può provare a farlo nella sua mente, più facile sarà quando il DOC lo proverà con lei.

Questo mi porta all'ultima tecnica.

Tecnica CBT per OCD 3: esternalizzare il DOC

Sì, è un cliché dire "Non sei il disturbo ossessivo compulsivo", ma ciò non significa che non sia importante. Vogliamo che i nostri clienti utilizzino questa conoscenza per superare la condizione. Questo è l'opposto di etichettare qualcuno. Inoltre, è un modo per staccare quell'etichetta.

Possiamo, come esperimento mentale, aiutare il nostro cliente a personificare e quindi esternare il disturbo ossessivo compulsivo:

Quali argomenti usa per convincersi?

Quali sono tutte le tecniche di persuasione che utilizza?

Cosa sembra prometterti?

Quali bugie ti dice?

Rimuovere la condizione dall'identità principale del cliente è un'abilità chiave di qualsiasi professionista. È anche il modo in cui trattiamo i fumatori cronici e altre persone sposate con dipendenze perniciose.

Ricordi Paola dall'inizio di questo pezzo? Mi ha detto che il disturbo ossessivo compulsivo le aveva promesso che deglutire più e più volte l'avrebbe tenuta al sicuro. Quel controllo più e più volte le avrebbe dato garanzia.

Descrisse come il DOC la mentisse e la convinse, e mentre lo faceva potevo quasi vederlo allentare la presa su di lei, visto che lo vedeva sempre più come un impostore, non chi era veramente. Una connivente affascinante e convincente, una parassita che vive di se stessa.

Ho insegnato a Paola a prenderne coscienza come a qualcosa che stava provando con lei. Ogni volta che si sentiva tentata di saltare al comando del DOC, iniziava a metterlo in discussione. E ha scoperto che ha perso rapidamente il suo potere.

L'esternalizzazione come tecnica psicoterapeutica è vecchia quanto le colline. È per questo che abbiamo storie che esternano modelli nella psiche umana, mettendoli a nudo in personaggi apparentemente disparati che sono, in un certo senso, semplicemente aspetti diversi della mente del lettore.

Quindi, tenendo presente che i sentimenti (forti) guidano i pensieri e non il contrario, prova prima queste tecniche per calmare i sentimenti:

Insegnare al cliente a individuare il bisogno sottostante che il DOC prometteva di soddisfare e generare modi alternativi e sani per soddisfare quel bisogno.

Insegna loro a concentrarsi e ad affidarsi alla realtà osservabile dei loro sensi piuttosto che alla fantasia.

Aiutali a esternare il disturbo ossessivo compulsivo e quindi a staccarsi più facilmente da esso.

Paola mi ha detto nella sua ultima seduta che non doveva più deglutire compulsivamente, passare ore a controllare che la sua porta fosse chiusa a chiave o sottomettersi a una qualsiasi delle altre compulsioni che avevano prosciugato la sua preziosa vita.

"È come se stessi vivendo la mia vita adesso e non è come vivere me ... se questo ha senso."

Per me aveva senso.

Tecniche CBT per superare la procrastinazione

Pablo Picaso una volta disse: " Rimanda a domani solo quello che sei disposto a morire se hai lasciato incompiuto". Io non so voi, ma questo è una citazione che mi mette in movimento. Se hai bisogno di uscire dalle tue abitudini di procrastinazione, allora la CBT di procrastinazione potrebbe essere la risposta di cui hai bisogno. In questo capitolo, imparerai i due componenti principali che compongono la CBT, come funziona, cosa comporta il processo CBT, i pro ei contro della CBT e sei delle migliori tecniche CBT utilizzate per superare la procrastinazione.

A volte, siamo tutti colpevoli di rimandare le cose. Non importa se si tratta di pagare le tasse, finire una tesina, organizzare quell'armadio o andare in palestra. Qualunque cosa sia, siamo colpevoli di rimandare, non sembra sempre che non sia il momento "giusto"? Aspettiamo il momento giusto, la migliore opportunità, per avere più energia e per essere nel giusto stato d'animo. Eppure, nel frattempo, non facciamo nulla. Quindi, prima che ce ne accorgiamo, ci ritroviamo indietro, sopraffatti, sconvolti e sconfitti. Ora, ciò che sembrava possibile non molto tempo fa, sta rapidamente diventando irraggiungibile! Puoi collegare?

In quale area della vita stai procrastinando? Indipendentemente da quello che potrebbe essere, non c'è nulla di cui vergognarsi. Il blocco stradale della procrastinazione è familiare a tutti noi. È problematico solo quando diventa cronico, altera in modo significativo le nostre prestazioni o riduce la qualità della nostra vita. Quindi, come ci liberiamo e superiamo la trappola della procrastinazione? Un'opzione di trattamento efficace è attraverso la terapia cognitivo comportamentale (CBT) o, più specificamente, la procrastinazione CBT.

Cos'è la terapia cognitivo comportamentale?

La terapia cognitivo comportamentale mira ad aiutarti a cambiare il modo in cui pensi e cosa fai per aiutarti a sentirti meglio.

La terapia cognitivo comportamentale (CBT) è un trattamento psicoterapeutico a breve termine, orientato agli obiettivi e orientato ai problemi. Ciò significa che si concentra sui problemi attuali e trova soluzioni a tali problemi. A differenza di altre forme di psicoterapie, la CBT adotta un approccio pratico e pratico per risolvere la procrastinazione. In sostanza, questa forma di terapia ti aiuta a cambiare il modo in cui pensi ("cognitivo") e quello che fai ("comportamento") per aiutarti a sentirti meglio. Inoltre, secondo l'International Institute for Cognitive Therapy, la CBT mira anche a "promuovere risposte comportamentali utili offrendo interventi di trattamento focalizzati sui problemi e basati sulle abilità". Questa forma di terapia è spesso impiegata come opzione per trattare condizioni come disturbi ossessivo-compulsivi (es. Perfezionismo) e dipendenze (es. Sostanze). In psicoterapia, la CBT è composta da due componenti principali. Questi sono cognitivi e comportamentali.

Cognitivo

In questo contesto, cognitivamente si riferisce ai tuoi processi di pensiero come i tuoi atteggiamenti, convinzioni e idee. A questo proposito, l'aspetto cognitivo della procrastinazione è ben noto. I terapisti cognitivi spesso descrivono la procrastinazione come trovare sempre una qualche forma di giustificazione per ritardare il lavoro. I procrastinatori tendono anche a dimostrare il pensiero disfunzionale che le condizioni potrebbero essere migliori in un secondo momento. Sono questi tipi di processi cognitivi (pensiero, ragionamento, credenza, ecc.) Che sono alla base del modo in cui la procrastinazione ci dà il falso ottimismo che le cose alla fine saranno abbastanza "giuste" per affrontare le attività. Pertanto, per cambiare questo da un aspetto cognitivo, devi cambiare il modo in cui organizzi il tuo pensiero. Un modo per farlo è identificare la voce del critico interiore e fare l'opposto di ciò che ti dice il critico interiore.

Comportamentale

Secondo questa forma di terapia, il comportamento viene appreso e può, quindi, essere modificato nel tempo. La terapia comportamentale mira a identificare alcuni modelli comportamentali che causano problemi all'interno di un individuo. Esamina quindi i comportamenti dannosi e privi di potere che esegui e trova modi per aiutarti a capire perché si verificano. In sostanza, questa forma di terapia ti aiuta a imparare i modi per reprimere il comportamento prima che inizi.

È importante notare che la CBT non elimina il tuo problema. Piuttosto, ti aiuta a gestirlo in modo positivo. Ti incoraggia a esaminare in che modo le tue azioni possono influenzare il modo in cui pensi e ti senti. Invece di concentrarti sulle cause del tuo disagio o sui sintomi in passato, la CBT cerca modi per migliorare il tuo stato d'animo.

Come funziona la CBT?

La terapia cognitivo-comportamentale funziona cambiando i tuoi schemi di pensiero, convinzioni e abitudini comportamentali.

Un principio fondamentale della CBT è che il pensiero distorto causa angoscia e comportamenti problematici. Le cause del pensiero distorto includono l'eccessiva generalizzazione, la focalizzazione sul negativo, la negazione e la catastrofizzazione. Se i tuoi pensieri sono troppo negativi o sempre negativi, puoi impedirti di vedere cose o fare cose che disconfermano ciò che credi sia vero. In altre parole, continui a rimanere aggrappato agli stessi pensieri e convinzioni deprimenti e non riesci a imparare nulla di nuovo. Le tecniche di terapia cognitivo comportamentale mirano ad affrontare questi problemi modificando i modelli di pensiero, le convinzioni e le abitudini comportamentali. Ti incoraggia a pensare in modo realistico senza negatività, il che ti consente di rispondere efficacemente alle difficili circostanze della vita. Funziona anche aiutandoti a evitare modelli di comportamento e pensieri negativi per una visione generalmente più sana.

Un approccio che la CBT utilizza per provocare il cambiamento consiste nell'introdurre altri modi di reagire. Questo ti aiuta a rompere i cicli negativi. Ad esempio, invece di pensare di essere un fallito perché continui a procrastinare nel fare il tuo lavoro, la CBT ti incoraggia a imparare dai tuoi errori e ad andare avanti. Questo nuovo modo di pensare e reagire mira ad aiutarti a sentirti più energico e fiducioso. Il processo spesso inizia identificando chiaramente il problema, seguito dalla definizione di obiettivi raggiungibili, feedback frequenti, comunicazione empatica, verifiche della realtà e utilizzo di strumenti appresi per il cambiamento e la crescita del comportamento positivo.

Cosa comporta il processo CBT?

Puoi avere la CBT con un terapeuta o uno a uno o in un contesto di gruppo. La CBT one-to-one di solito prevede diverse sessioni di terapia (circa 5-20 sessioni). La terapia cognitivo comportamentale coinvolgerà tipicamente il seguente processo. Questo è lo stesso processo che i terapisti usano per curare la procrastinazione grave.

Durante le sessioni di terapia, il tuo terapista suddividerà il tuo problema di procrastinazione in aree separate. Queste aree includono i tuoi pensieri, emozioni, sentimenti fisici e azioni.

Il tuo terapista ti aiuterà quindi ad analizzare queste aree per capire se sono irrealistiche o inutili. Ti aiuteranno anche a scoprire credenze, pensieri e comportamenti sottostanti che ti stanno causando angoscia.

Il tuo terapista lavorerà quindi con te per determinare l'effetto che ogni area ha su di te.

Alla fine, scoprirai come cambiare i pensieri e comportamenti irrealistici, inutili e privi di potere. Di conseguenza, questo può cambiare il modo in cui ti senti riguardo al tuo problema di procrastinazione e consentirti di cambiare meglio il tuo comportamento e controllare i tuoi pensieri in futuro.

Quali sono i pro ei contro della CBT per la procrastinazione?

Professionisti

I programmi di terapia cognitivo comportamentale tendono ad essere molto strutturati e sistematici. Questo aiuta a rendere più probabile che una persona riceva una "dose" adeguata di pensiero e di azione in modo sano. Ad esempio, durante una sessione di procrastinazione CBT, il terapeuta chiederà alla persona di scrivere i pensieri che ha quando c'è qualcosa che sta rimandando. Il terapeuta lavora quindi con il paziente per verificare quanto siano utili e accurati i pensieri.

Sebbene sia collaborativa, la CBT di procrastinazione favorisce uno sforzo più indipendente da parte del cliente (cioè meno dipendenza dal terapeuta).

I pazienti possono completare la terapia in un periodo di tempo relativamente breve rispetto ad altre terapie parlanti.

La procrastinazione CBT è molto efficace nel trattare i fattori che causano la procrastinazione. Fattori come ansia, autostima e problemi di attenzione.

La procrastinazione CBT si concentra su fattori come pensieri, immagini, convinzioni e atteggiamenti. Inoltre, secondo il CAMH, la CBT si concentra anche su come questi fattori si riferiscono al modo in cui ti comporti come un modo per risolvere la procrastinazione.

Contro

Alcuni pazienti sentono che con la CBT vengono spinti fuori dalle loro emozioni. Questo perché la CBT minimizza le emozioni e apparentemente enfatizza eccessivamente le componenti logiche e orientate al pensiero della propria vita mentale.

Per trarre vantaggio dalla procrastinazione CBT, le persone devono impegnarsi nel processo. Ad esempio, un terapista può aiutarti e consigliarti, ma non può far sparire il tuo problema di procrastinazione senza la tua collaborazione.

Partecipare a sessioni di CBT regolari e svolgere qualsiasi lavoro extra tra le sessioni può richiedere molto tempo.

Quali sono le migliori tecniche di CBT per superare la procrastinazione?

Attivazione comportamentale

Questo aiuta l'individuo a cambiare un modello di procrastinazione in corso in modo che i compiti e gli impegni vengano affrontati piuttosto che evitati. Questo di solito richiede una qualche forma di esposizione graduale considerando il fatto che la procrastinazione è spesso rafforzata dalla riluttanza a provare disagio.

L'attivazione comportamentale aiuta anche a cambiare il modo in cui pensi alle tue attività tenendo conto del tipo di persona che sei, dei tuoi valori e delle tue aspettative. Insieme al tuo terapista, puoi valutare se questi "si adattano" al modo in cui stai cercando di affrontare i tuoi compiti. I modelli di lavoro variano da persona a persona, quindi è importante ricordare che anche i risultati desiderati variano da individuo a individuo.

Esperimenti comportamentali

I terapeuti utilizzano esperimenti comportamentali per rivalutare i metodi di lavoro e le presunzioni riguardanti la propria capacità di raggiungere determinati obiettivi. Aspetti che sono spesso caratterizzati da ottimismo esagerato o pessimismo tra i procrastinatori che lo rendono una soluzione CBT di procrastinazione altamente efficace.

I pazienti useranno vari aspetti comportamentali che li stimolano a godersi le attività e ad adottare un senso di padronanza su un compito, il che aiuta a ridurre significativamente la procrastinazione. Un modo in cui i pazienti ottengono questo risultato è attraverso l'uso di carte di coping. L'individuo scrive la sua strategia di coping o il suo piano su un piccolo biglietto, quindi lo tiene con sé e lo usa per superare la procrastinazione al lavoro.

Mindfulness Training

Questa forma di tecnica di procrastinazione CBT si concentra sulla consapevolezza di pensieri e sentimenti senza attaccamento o giudizio. Quando procrastinando, rimaniamo invischiati nei pensieri sulla situazione, il che peggiora il modo in cui ci sentiamo.

Praticare la consapevolezza mette in cortocircuito il processo aiutandoci a districarci dai nostri schemi di pensiero distorti e connetterci alla situazione reale. Questo ci consente di affrontare più abilmente i compiti difficili e di farlo con meno reattività emotiva e sofferenza psicologica suggerisce Timothy A Pychyl Ph.D. Autore di Don't Delay.

Desensibilizzazione

Questo tipo specifico di psicoterapia cognitivo-comportamentale, secondo John M. Grohol, Psy.D., può essere un metodo potente per aiutare le persone a superare l'ansia. Si tratta di esporre un individuo alla situazione che gli causa ansia, ma solo fino al punto in cui può tollerare l'ansia.

Affinché la terapia funzioni, l'individuo deve rimanere in questa situazione per un periodo di tempo prolungato fino a quando l'ansia diminuisce. Una volta che questo inizia ad accadere, l'individuo è quindi esposto a una situazione più difficile. Il processo continua quindi fino a quando l'individuo non affronta tutti gli oggetti e le situazioni che vuole conquistare. Ad esempio, potresti usare un timer per le uova o una sveglia sul tuo telefono per limitarti a una certa quantità di tempo per completare un'attività.

Se sei il tipo di persona che può dedicare 30 minuti alla modifica di un documento per i quali 15 minuti sarebbero adeguati, questa strategia può essere utile. La sensazione di lavorare contro una scadenza può servire ad aumentare gli imprevisti che ti spingono verso il completamento del compito.

Formazione vocale

Recenti scoperte sulla procrastinazione CBT con terapia di addestramento vocale hanno mostrato un miglioramento del benessere generale e dell'angoscia di un individuo. Le "voci", in questa forma di terapia, sono quelle che esternano le esperienze individuali di preoccupazione e angoscia. La terapia di formazione vocale, quindi, mira a mettere a tacere il critico interiore e mettere la preoccupazione al di fuori di te stesso. Ci sono cinque passaggi nell'addestramento vocale:

Consapevolezza: cosa ti sta dicendo la Voce?

Interrogatorio: quali sono le convinzioni fondamentali che stanno alla base dei messaggi vocali.

Analisi: qual è la relazione tra i messaggi vocali e le mie emozioni?

Combattimento: cambiare le bugie (messaggi vocali) in verità (realtà)

Manutenzione: gestione delle ricadute.

Controllo dello stimolo

I terapeuti usano il termine controllo dello stimolo per descrivere situazioni in cui un comportamento è innescato dalla presenza o dall'assenza di uno stimolo. Ad esempio, se bevi caffè quando sei seduto al computer, potrebbe significare che il tuo consumo di caffè è controllato dallo stimolo di stare seduto al computer. Controllando i segnali ambientali che ci indirizzano a lavorare o procrastinare, puoi imparare a massimizzare la motivazione ad agire. Sotto il controllo dello stimolo, ci sono due modi per farlo.

Staccare la spina dalle distrazioni. Al giorno d'oggi, è facile distrarsi dalla miriade di gadget tecnologici che ci circondano. Se c'è qualcosa che richiede la tua attenzione, metti via i social media, silenzia il telefono, spegni la TV e trova un luogo produttivo per completare il tuo lavoro. Fai delle pause e ricompensati tra le sessioni di lavoro. La cosa importante è che avere la capacità di riconoscere che puoi concentrarti ed essere produttivo per un periodo di tempo. Quindi, rafforzando positivamente quelle buone abitudini con una qualche forma di ricompensa.

Premiare te stesso per i passi positivi. Premiati quando hai effettivamente completato un lavoro o almeno una parte del tuo lavoro. Prenditi un po 'di tempo "goffo", in modo da poter passare alcuni minuti a fare cose senza senso che ti piacciono. L'obiettivo è che alla fine assocerai il completamento del lavoro a queste attività positive. E quindi vedrai il completamento del lavoro come un'attività positiva in sé. La ricompensa arriva dopo il comportamento, proprio come il dessert arriva dopo aver mangiato i broccoli. Più fai le cose, più ti senti ricompensato e viceversa.

Ci sono molti consigli in giro che possono peggiorare la situazione per i procrastinatori. Un buon consiglio che spesso è più facile a dirsi che a farsi. Ricorda che la procrastinazione è profondamente radicata nei nostri modelli cognitivi. Quindi ci vuole molto di più che un buon consiglio per superare. Per gestire veramente la procrastinazione, hai bisogno di una soluzione che riprogrammi il tuo cervello e ti dia una nuova prospettiva su te stesso. Questo è esattamente ciò che fa la CBT di procrastinazione. Impari a capire le ragioni alla base della tua procrastinazione e poi a sviluppare strategie per superarle. Ad esempio, puoi imparare come identificare i tuoi obiettivi e valori e scegliere i tuoi comportamenti per essere in linea con essi. Adottare un focus, una mentalità e un modo di pensare diversi è ciò che rende la CBT di procrastinazione molto efficace rispetto alle terapie di procrastinazione tradizionali.

Cbt per sconfiggere la dipendenza

La terapia cognitivo comportamentale aiuta una persona a rimuovere i pensieri auto-sabotanti che alimentano l'abuso di droghe o alcol. Più specificamente, si concentra sul modo in cui i pensieri di una persona influenzano i suoi sentimenti e comportamenti. Comprendendo come questi elementi sono collegati, una persona è meglio attrezzata per pensare e agire in modo positivo che supporta la sobrietà.

Ciò che una persona pensa, come si sente e come agisce ha un impatto enorme sulla sua vita e salute, specialmente durante il recupero. Quando questi fattori sono radicati in abitudini positive , aumentano il benessere di una persona e le capacità di vita sobria. D'altra parte, se questi fossero disfunzionali, una persona potrebbe subire danni alla propria vita, salute e guarigione.

Come parte del trattamento della dipendenza, la terapia cognitivo comportamentale aiuta una persona ad affrontare e far fronte a modelli di pensiero e problemi nella loro vita che guidano comportamenti di dipendenza.

La terapia cognitivo comportamentale è una combinazione di due approcci terapeutici, la terapia cognitiva e la terapia comportamentale. Come psicoterapia, o "terapia della parola", l'individuo dipendente e il terapeuta costruiscono un'alleanza terapeutica che utilizza il parlare come mezzo per promuovere la guarigione e l'apprendimento di comportamenti sani. Esempi di psicoterapeuti che forniscono questi servizi includono psichiatri, psicologi, consulenti professionisti autorizzati e assistenti sociali autorizzati.

Al contrario della psicoanalisi, che si concentra fortemente sul passato, la terapia cognitivo comportamentale è una strategia orientata al problema che aiuta una persona a guardare i modelli disfunzionali nella sua vita attuale. Gli eventi passati non vengono ignorati, tuttavia, l'obiettivo è aiutare una persona a identificare e cambiare i pensieri attuali, le reazioni emotive e i comportamenti che stanno danneggiando la sua vita e il suo recupero.

Ruolo della terapia cognitivo comportamentale nel trattamento delle dipendenze

Una mente cambiata dalla dipendenza può creare un ambiente malsano di pensieri negativi, emozioni mutevoli e compulsioni per l'uso di droghe. Insieme, questi elementi possono colorare il modo in cui una persona si relaziona alle proprie esperienze e cambiare il modo in cui vede il proprio abuso di sostanze. Accoppiato con qualsiasi modello preesistente di negatività o malattia mentale, questo squilibrio può alimentare l'abuso di droghe e indurre una persona ad auto-medicare.

Può essere difficile gestire i pensieri e le emozioni stimolanti che la vita porta quando si è sobri. Per una persona dipendente, questo può essere paralizzante. Senza l'aiuto e la guida di un professionista qualificato, può essere difficile gestire queste cose in modo sano e produttivo.

I pensieri negativi e i comportamenti dannosi che ne derivano possono agire da innesco per l'abuso di droghe o alcol. Rompere questo ciclo attraverso la terapia aiuta una persona ad avere successo nel trattamento e costruire una solida base per il recupero.

Sebbene alcuni programmi ambulatoriali possano offrire una terapia cognitivo-comportamentale, a causa della natura intensiva delle sessioni questo trattamento può essere utilizzato meglio in un programma di riabilitazione dalla droga in un ricoverato residenziale.

Quali tipi di tossicodipendenza tratta la terapia cognitivo-comportamentale?

Mentre la terapia cognitivo comportamentale può essere utilizzata per trattare la dipendenza da numerose droghe d'abuso, la ricerca mostra che è più efficace per alcune forme di abuso di sostanze rispetto ad altre. Secondo il National Institute on Drug Abuse, la terapia cognitivo comportamentale è un approccio basato sull'evidenza al trattamento della tossicodipendenza per:

- alcol
- marijuana
- cocaina
- metanfetamina

Un articolo di ricerca ha supportato in parte questi risultati. Gli autori dell'articolo hanno analizzato i risultati di 34 studi randomizzati controllati, per un totale di 2.340 pazienti trattati con questa terapia, per determinare i benefici della CBT come trattamento per l'abuso di sostanze.

I ricercatori hanno scoperto che i migliori risultati del trattamento erano associati alla marijuana. Successivamente, la cocaina e gli oppioidi hanno visto i migliori risultati. Tuttavia, gli effetti più piccoli sono stati osservati in individui che avevano dipendenza da poli-sostanza o poliassunzione. Ciò significa che le persone che stanno lottando con la dipendenza da più di una sostanza possono beneficiare in modo più completo di un'altra forma di terapia o di una combinazione di trattamenti.

La terapia cognitivo comportamentale ha dimostrato di produrre risultati duraturi se utilizzata per trattare vari tipi di dipendenza. Ad esempio, l'articolo citava anche uno studio che "riportava che il 60% dei pazienti nella condizione CBT ha fornito schermi tossicologici puliti al follow-up di 52 settimane".

Benefici della terapia cognitivo comportamentale

Ogni persona che vive sotto il peso della dipendenza ha circostanze uniche che le ha portate lì. Identificare e trattare i problemi personali che provocano l'abuso di droghe o alcol aiuta a ridurre i fattori scatenanti e i comportamenti autodistruttivi.

La terapia cognitivo comportamentale ha dimostrato di:

- aiutare una persona a guarire da un trauma.
- sviluppare capacità di coping che riducono l'impatto dello stress.

- aiutare una persona a gestire le emozioni in modo più sano.
- aiutare una persona a risolvere i problemi nelle loro relazioni.
- rafforzare le capacità di comunicazione di una persona.
- aiutare una persona ad affrontare il dolore o la perdita.
- aiutare una persona ad affrontare una malattia medica cronica.
- ridurre o alleviare alcuni sintomi di malattie mentali.
- prevenire una ricaduta di questi sintomi.
- funziona come trattamento per una malattia mentale quando i farmaci non possono essere utilizzati.

Se non affrontati, molti di questi problemi possono indurre una persona a usare droghe o alcol come mezzo per evitare il dolore o il disagio causato da queste situazioni.

Durata del trattamento di terapia cognitivo comportamentale

Uno dei maggiori vantaggi della terapia cognitivo comportamentale è il suo approccio intensivo e il tempo di trattamento relativamente breve rispetto ad altre terapie. In genere, una persona può avere sessioni settimanali da cinque a 20 settimane, per un totale di 10-20 sessioni. La durata esatta del trattamento e la frequenza delle sessioni possono variare a seconda delle esigenze specifiche dell'individuo e degli obiettivi del trattamento.

Ci sono diversi fattori che influenzano il piano di trattamento di una persona. Questi includono:

- circostanze o disturbi specifici.
- livello di sintomi che una persona sperimenta .
- da molto tempo una persona ha lottato.
- livello di stress che una persona sta affrontando.
- livello di supporto che una persona ha dalla famiglia e dagli amici.

Lo psicoterapeuta che fornisce questi trattamenti può aiutare una persona a determinare il piano di trattamento giusto per le proprie esigenze. Con il progredire del trattamento, questo piano può essere modificato per adattarsi meglio agli obiettivi di recupero di una persona e alle circostanze di vita attuali.

Cosa aspettarsi dalle sessioni di terapia cognitivo comportamentale

Durante una sessione di CBT, il terapeuta guiderà una persona verso l'identificazione e il superamento di pensieri distruttivi e negativi che potrebbero minare la sua ricerca della sobrietà. La terapia cognitivo comportamentale può avvenire in un contesto individuale, di gruppo o familiare, il che può essere utile durante il trattamento della dipendenza.

Nella prima sessione, il terapeuta spiegherà il processo terapeutico, risponderà a qualsiasi domanda e valuterà le questioni su cui una persona deve lavorare. Nelle sessioni che seguono, il terapeuta aiuterà la persona a lavorare su questioni e obiettivi chiaramente definiti che si concentrano su di loro. Per sostenere questi obiettivi, una persona può avere "compiti a casa". Ciò può includere la pratica di strategie di coping e il tenere traccia di eventuali schemi di pensiero problematici che si presentano.

Affinché il terapeuta riconosca ciò su cui una persona ha bisogno di lavorare, l'individuo in trattamento deve aprirsi sulle proprie lotte. Ciò include parlare dei pensieri e dei sentimenti che ruotano intorno a loro.

Sebbene inizialmente possa essere difficile per una persona aprirsi e sentirsi vulnerabile, più una persona è onesta con se stessa e con il proprio terapeuta, maggiore è la sua capacità di successo.

Per incoraggiare questa apertura e promuovere la guarigione, la CBT ha diversi obiettivi, tra cui:

- identificare i problemi o le circostanze che sono collegati alla dipendenza.
- sviluppare una consapevolezza di pensieri, sentimenti e comportamenti negativi che contribuiscono alla dipendenza.
- identificare modi di pensare negativi o false convinzioni che peggiorano i comportamenti di dipendenza.
- valutare perché si verificano questi pensieri e come possono essere rimodellati o eliminati in modo positivo.

Durante la terapia, una persona imparerà una varietà di abilità di vita e tecniche di recupero che possono aiutarla a mantenere la propria sobrietà, come ad esempio:

- assertività
- capacità di coping
- abilità di rilassamento
- resilienza
- capacità di gestione dello stress

Non sono noti effetti collaterali importanti o pericoli derivanti dalla terapia cognitivo comportamentale, tuttavia, è naturale che una persona provi una certa misura di ansia o disagio quando riconosce per la prima volta problemi o emozioni difficili per cui sta lavorando per superare. Man mano che la terapia continua, questi sentimenti dovrebbero diminuire e lasciare una persona più radicata e in grado di vivere con successo una vita senza droghe.

Terapia cognitivo comportamentale in uso con altre terapie

La terapia cognitivo comportamentale ha mostrato un grande successo nel trattamento della dipendenza se usata da sola o come parte di un piano di trattamento che utilizza altre terapie. Più comunemente, però, nei programmi di riabilitazione, la CBT sarà supportata da una varietà di altre terapie che sono adattate alle esigenze specifiche di una persona. Durante il trattamento della dipendenza, queste terapie possono includere terapie alternative, altre terapie comportamentali basate sulla ricerca e / o farmaci (farmacoterapie).

La ricerca in corso suggerisce che la terapia cognitivo comportamentale può in molti casi essere più efficace se utilizzata con altre terapie, in particolare la gestione delle contingenze (CM) (o metodi simili) e l'intervista motivazionale (MI).

Inoltre, la terapia comportamentale dialettica, una forma specializzata di CBT, è una psicoterapia basata sull'evidenza che utilizza elementi tradizionali della CBT in collaborazione con altri approcci mirati per il trattamento della dipendenza. La terapia comportamentale dialettica insegna consapevolezza, accettazione e tolleranza al disagio, tutte abilità che possono essere di grande beneficio durante il recupero.

In genere, un approccio combinato aiuta meglio una persona a rimuovere influenze, comportamenti e schemi di pensiero dannosi che incoraggiano comportamenti di dipendenza e agiscono come fattori scatenanti per le ricadute. L'utilizzo di più metodi terapeutici aiuta una persona a sviluppare capacità di coping e di prevenzione delle ricadute adattate alle circostanze della vita che probabilmente dovrà affrontare dopo il trattamento.

Ogni volta che viene utilizzata la terapia, la forma esatta e la combinazione dei trattamenti devono essere guidate dal piano di trattamento personalizzato di una persona. In molti casi, le terapie comportamentali utilizzate durante il trattamento della dipendenza sono influenzate da altre preoccupazioni nella vita di una persona, come una doppia diagnosi.

Esercizi di terapia comportamentale cognitiva per la dipendenza

Gli esercizi di terapia cognitivo comportamentale aiutano le persone ad affrontare pensieri e sentimenti negativi per superare la dipendenza. La terapia cognitivo comportamentale (CBT) è ampiamente utilizzata oggi nel trattamento delle dipendenze. La CBT insegna alle persone in fase di recupero come identificare le connessioni tra pensieri, sentimenti e azioni e migliorare la consapevolezza di come influenzano il recupero.

Oltre alla dipendenza, la CBT tratta anche condizioni di salute mentale concomitanti come le seguenti:

- Disturbi d'ansia
- Disordine bipolare
- Problemi alimentari
- Disturbo ossessivo-compulsivo (DOC)
- Disturbo post-traumatico da stress (PTSD)
- Disturbo da deficit di attenzione e iperattività (ADHD)

Come funzionano gli esercizi di terapia comportamentale cognitiva

Per le persone che la praticano, la terapia cognitivo comportamentale rivela alle persone che la praticano che molti comportamenti ed emozioni avversi non sono razionali o logici. Invece, questi sentimenti e azioni possono essere basati su esperienze passate o fattori ambientali.

Quando una persona con dipendenza capisce perché si sente o si comporta in un certo modo e come quei sentimenti e azioni contribuiscono all'uso di sostanze, è più adeguatamente attrezzata per superare la dipendenza.

I terapisti cognitivi comportamentali lavorano con i tossicodipendenti in recupero per identificare i loro pensieri negativi "automatici". I pensieri automatici sono immagini o attività mentale che si verificano come risposta a un trigger. Esse "compaiono" nella mente di una persona senza un pensiero cosciente e sono spesso derivate da idee sbagliate e dubbi e paure interiorizzati.

Spesso, le persone tentano di auto-medicare questi pensieri e sentimenti spiacevoli o dolorosi bevendo alcol o usando droghe. Rivisitando e confrontando continuamente questi ricordi dolorosi con un terapeuta, i tossicodipendenti in recupero possono mitigare il dolore da loro prodotto. Possono quindi imparare nuovi comportamenti sani per sostituire il loro abuso di droghe o alcol.

I pensieri negativi automatici sono spesso la causa principale della depressione e dei disturbi d'ansia, che sono disturbi che comunemente si verificano in concomitanza con la dipendenza. Ciò significa che la presenza di pensieri automatici può aumentare le probabilità che una persona usi anche droghe e alcol.

La CBT può aiutare i pazienti a sconfiggere la tossicodipendenza e l'alcolismo facendo quanto segue:

- Aiuta a respingere le convinzioni errate e le insicurezze che contribuiscono all'abuso di sostanze
- Fornisce strumenti di auto-aiuto per migliorare l'umore
- Insegna capacità di comunicazione efficaci

La terapia cognitivo comportamentale aiuta anche il recupero dei tossicodipendenti a far fronte ai trigger in tre modi fondamentali, secondo il National Institute on Drug Abuse:

- Riconoscere: identificare le circostanze che portano al consumo di alcol o droghe.
- Evitare - Allontanare dalle situazioni scatenanti quando possibile e appropriato.
- Far fronte - Usa esercizi CBT per affrontare e mitigare emozioni e pensieri malsani che contribuiscono all'abuso di sostanze.

I terapisti cognitivo comportamentali utilizzano esercizi specifici per facilitare il recupero dalla dipendenza. Esempi di esercizi CBT utilizzati nel trattamento della dipendenza includono quanto segue:

- Pensieri di registrazione

- Esercizi di terapia comportamentale cognitiva | Recupero in riva al mare

I tossicodipendenti in recupero valutano i pensieri negativi automatici e cercano prove oggettive che supportino e smentiscano quei pensieri. Registrano e confrontano le prove a favore e contro i loro pensieri e supposizioni automatiche. L'obiettivo è aiutare la persona a pensare pensieri più equilibrati, razionali e meno autocritici valutando ciò che pensano e provano.

Esempio

"Il mio capo pensa che io sia un incompetente e ho bisogno di bere per sentirmi meglio" è sostituito da "È normale commettere errori e posso imparare da questo. Non ho bisogno di bere alcolici per sentirmi meglio con me stesso. "

Esercizi comportamentali

Questi esercizi contraddicono i pensieri malsani contro quelli sani per vedere quale è più efficace nel modificare il comportamento. Molte persone rispondono meglio all'auto-gentilezza che all'autocritica. Gli esercizi comportamentali servono a determinare quale approccio funziona meglio per la persona.

Esempio

"Se sono duro con me stesso dopo aver bevuto eccessivamente, berrò meno" rispetto a "Se sono misericordioso con me stesso dopo aver bevuto eccessivamente, berrò meno".

Esposizione basata su immagini

In questo esercizio, i tossicodipendenti e gli alcolisti in recupero richiamano un ricordo che induce potenti sentimenti negativi. Prestano attenzione a ogni vista, suono, emozione e pensiero durante quel momento. Rivisitando ripetutamente i ricordi spiacevoli, nel tempo la persona dipendente può diminuire l'ansia da essi causata.

Esempio

Un uomo si concentra su un ricordo doloroso dell'infanzia. Ricorda ogni dettaglio ed emozione al momento. In caso di esposizione ripetuta, la memoria induce sempre meno dolore e quindi riduce la necessità di auto-medicare con sostanze.

Piacevole programma di attività

Questo esercizio prevede la creazione di un elenco settimanale di attività salutari e divertenti per suddividere le routine quotidiane. Questi compiti dovrebbero essere facili da eseguire mentre stimolano emozioni positive. Pianificare queste attività piacevoli aiuta a ridurre i pensieri automatici negativi e la corrispondente necessità di usare droghe o bere alcolici.

Esempio

Invece di usare droghe o bere sul lavoro, un avvocato divorzista stressato si rilassa alla sua scrivania per quindici minuti ogni giorno e usa il tempo per ascoltare la sua musica preferita.

Cbt per vincere la gelosia

3 Tecniche di CBT per rafforzare le relazioni per la gelosia

"Gelosia, quel drago che uccide l'amore con la scusa di mantenerlo in vita."

- Havelock Ellis, scrittore inglese e riformatore sociale, 1859-1939

"Voglio dire, perché ha anche amici maschi!"

Le rughe si affusolavano lungo la fronte di Kevin, piccole trincee di profonda tensione. L'uomo che si tormentava sospirò profondamente.

"Ma allora, naturalmente, perché non dovrebbe?" Era come se la parte razionale della mente di Kevin stesse cercando di ragionare con la parte che si era liberata dalla razionalità, la parte che fluttuava negli estremi confini del sentimento libero.

"Voglio dire, una parte di me sa che è leale e onesta?" Lo disse come se fosse una domanda. "Davvero non voglio portarla via, Mark?"

Naturalmente, gli effetti distruttivi della gelosia non tormentano solo il partner più incline ad essa.

Come il mostro dagli occhi verdi devasta le relazioni

In un certo senso, non c'è una vera relazione quando la gelosia cronica alza la sua testa tirannica.

Se sei degno di fiducia ma non fidato, dignitoso ma continuamente accusato di sotterfugi relazionali e costantemente spiato, allora il senso di unione e di vera intimità viene scacciato.

Kevin era stato con la sua compagna Rachel per tre anni. Aveva tenuto a freno la sua gelosia per i primi mesi o giù di lì, ma in questi giorni la interrogava costantemente. Il fatto doloroso è che quando cerchi segni di qualcosa, tendi a trovarli. O pensi di averli trovati. Un'immaginazione incontrollata è ottima per trovare "prove".

"Scherza che sono come la Gestapo!" Sembrava che stesse bene e davvero stufo di se stesso, poi aggiunse: "Molte parole vere pronunciate per scherzo, eh?"

Per alcuni, una relazione può sembrare un regime stretto e repressivo. Potremmo finire per vivere nella paura di dire o fare la cosa "sbagliata" per non darle un significato che non avremmo mai voluto.

Kevin aveva iniziato a mandare messaggi agli amici di Rachel per verificare che fosse davvero con loro, chiamandola quando era fuori a pranzo, controllando anche i suoi account sui social media (da cui il commento sugli amici maschi, che aveva conosciuto dall'università).

Kevin si arrabbiava abitualmente se Rachel sembrava anche solo guardare nella direzione generale di un altro maschio. E si sarebbe preoccupato all'infinito che la sua ossessività l'avrebbe allontanata da lui. Finalmente, ho pensato, abbiamo trovato una ragionevole preoccupazione!

La gelosia non è rara

La gelosia cronica all'interno delle relazioni intime è abbastanza comune e, se lasciata incontrollata o non trattata, può portare alla violenza.

In uno studio, sia il 15% delle donne che il 15% degli uomini hanno riferito di essere stati in qualche momento della loro relazione oggetto di violenza da parte di un partner geloso.

Kevin mi ha vergognosamente detto che una o due volte aveva intimidito fisicamente il suo amante. È cresciuto in lacrime quando ha detto: "Ho dovuto smetterla di metterle le mani intorno alla gola!" Chiaramente dovevamo lavorare velocemente.

È importante vedere la miscela emotiva che costituisce la gelosia, poiché solo così possiamo vedere modi efficaci per trattarla.

L'ibrido emotivo del volere troppo

La gelosia è un sentimento ibrido nato dall'insicurezza e dalla possessività. Le persone gelose spesso soffrono anche di sentimenti di inadeguatezza, la convinzione che il loro partner sia troppo buono per loro in qualche modo.

Potrebbe quindi sembrare che sia solo una questione di tempo prima che la persona amata se ne vada con "qualcuno migliore", come lo ha descritto Kevin. "Chi sarebbe qualcuno migliore?" Gli ho chiesto.

"Quasi chiunque!" disse disperato.

In realtà, la ricerca ha scoperto che l'insicurezza gelosa, in particolare nelle donne, era correlata a una bassa autostima. Quindi, certamente potremmo aver bisogno di aiutare i nostri clienti più in generale con la loro autostima come parte di un trattamento olistico. Una volta che lo facciamo in modo efficace, avranno il felice effetto a catena di relazioni più sicure e più felici.

Ma poiché la gelosia è così distruttiva per le relazioni e le relazioni sane sono così importanti, potremmo dover dare la priorità a rompere gli schemi di gelosia come parte del nostro lavoro verso una sana autostima.

C'è anche un altro schema che a volte ho visto operare all'interno di clienti gelosi.

"Tu mi appartieni!"

A volte il partner geloso può aver imparato a vedere tutto come un loro possesso materiale, e le relazioni umane diventano un'estensione di questa mentalità materialistica. Possono avere un'alta autostima, persino essere narcisisti ed essere così cinici nei confronti della natura umana che sentono che tutti imbrogliano.

È stato scoperto, non sorprendentemente, che i narcisisti hanno maggiori probabilità di tradire i loro partner e anche meno probabilità di fidarsi degli altri se presumono che gli altri siano come loro.

Se qualcuno viene visto come un oggetto, può essere "rubato". Spesso, quando questa mentalità materialistica si estende alle relazioni umane, il controllore insisterà su ciò che indossa il suo "oggetto", su ciò che fa, persino su ciò che dice, perché, beh, dopo tutto, quella persona è di loro proprietà.

È una specie di sentimento "tu mi appartieni". Così, paradossalmente, la gelosia estrema può risultare sia un senso di insicurezza o di un senso di posizione dominante. Dal punto di vista comportamentale, però, la gelosia spesso presenta lo stesso.

Il tipo di gelosia narcisistica che vediamo nel partner può essere più difficile da trattare, non da ultimo perché la persona potrebbe essere meno propensa a cercare aiuto per questo, sentendo che si tratta solo dell'altra persona ma non di loro.

Il partner geloso, perché si sente minacciato, può avere esplosioni di rabbia alternate a sentimenti di disperazione e depressione.

Allora come possiamo aiutare al meglio il cliente geloso? Come ho aiutato Kevin?

Quale viene prima, i pensieri o l'emozione?

Ho già scritto sul trattamento della gelosia, sostenendo che la gelosia è più un caso di immaginazione disordinata che un cosiddetto disturbo del pensiero. I pensieri di gelosia tendono sia a derivare che ad alimentarsi nell'emozione. Quindi, quando l'emozione della gelosia è troppo alta, potremmo aver bisogno di calmare le fiamme del sentimento prima di poter affrontare i pensieri.

I pensieri di gelosia tendono sia a derivare che ad alimentarsi nell'emozione

Questo è il motivo per cui credo che ogni professionista debba sapere come rilassare profondamente il proprio cliente per poter fare una terapia cognitiva efficace.

Ma questo non vuol dire che il tipo di pensieri che entrambi derivano e che a loro volta alimentano la gelosia non siano importanti. Esaminare i pensieri e sfidarli può essere un modo importante per aiutare a calmare le emozioni.

"Vedere attraverso" il tipo di distorsioni del pensiero che derivano dai sentimenti di gelosia può aiutare i clienti a prendere distanza dalle proprie percezioni automatiche e quindi a "comprarsi" di meno. Possiamo aiutare i nostri clienti a sviluppare il loro " sé osservante " .

Quindi quali sono alcune delle distorsioni del pensiero comune della gelosia?

Distorsioni del pensiero comuni nella gelosia

Ecco alcuni dei tipi di pensieri che possono accompagnare le immaginazioni auto-torturanti della gelosia:

Pensiero tutto o niente

"Non posso mai fidarmi di nessuno!"

"Devo sapere assolutamente che mi ama al 100%!"

"Se lei mi lascia, il mio mondo finirà!"

Sappiamo che più problemi emotivi qualcuno ha, tra cui depressione e rabbia, più tutto o niente, bianco o nero o "assolutista" diventano il loro modo di pensare e il loro linguaggio.4 Sentirete spesso i vostri clienti gelosi parlare in termini estremisti.

Fatalismo

"Alla fine tutti mi tradiscono."

"È solo questione di tempo prima che trovi qualcun altro!"

Un sapore del pensiero assolutista è il fatalismo. La percezione prevalente qui è che il futuro, infatti, dovrà svolgersi nel modo peggiore possibile. Per il tuo cliente, potrebbe sembrare inevitabile che la persona amata li abbandoni e stia solo cercando di aggrapparsi a loro il più a lungo possibile.

Globalizzazione

"Non ci si può davvero fidare di nessun uomo!"

"Alla fine tutti mi lasciano!"

A volte il cliente geloso è stato ferito prima. Forse un partner precedente, o anche quello attuale, li ha traditi o un amore passato li ha abbandonati inaspettatamente.

La logica distorta dell'emozione può indurli a generalizzare o "globalizzare" questo aspetto negativo. Eccezioni a questa percezione globalizzante possono essere ignorate o scontate dal cliente. Una persona mi ha trattato così = NESSUNO può mai essere considerato attendibile.

Interiorizzazione

"La gente deve pensare che io sia un tale stupido!"

"Perché queste cose accadono sempre a me!"

"Pensano che io sia un boccale o qualcosa del genere!"

La gelosia può essere un curioso mix di incolpare l'altra persona (o tutte le altre persone - globalizzazione) e interiorizzare la causalità. Quindi il tuo cliente geloso potrebbe non solo esternare ma anche interiorizzare. Potrebbero sentire che c'è qualcosa in loro che li rende più propensi a essere maltrattati o abbandonati. Naturalmente, se sono estremamente bisognosi, potrebbero esserci.

E infine...

Abuso dell'immaginazione

"Immagino che baci il suo collega e mi arrabbio così tanto!"

"Non mi ha chiamato. Posso solo vederlo con quella donna attraente dai conti! "

"Posso dire che si sta innamorando di me!"

Sappiamo che i clienti cronicamente gelosi abusano della loro immaginazione. Possono creare immagini del loro oggetto d'amore baciare, fare l'amore o prestare un'intima attenzione emotiva a qualcun altro. Dobbiamo aiutare i nostri clienti a districare l'immaginazione dalla realtà e iniziare a sentirsi calmi intorno al teatro delle loro stesse immaginazioni.

I disturbi del pensiero e dell'immaginazione tendono a produrre e mantenere i gruppi comportamentali associati alla gelosia, come il monitoraggio eccessivo, la ricerca costante di rassicurazione, gli scoppi di rabbia e i tentativi di controllare ciò che fa il partner. Quindi, con tutto questo in mente, ecco alcuni approcci che possiamo usare con i nostri clienti gelosi.

Tecnica CBT uno: sfida l'assolutismo

Possiamo aiutare i nostri clienti a essere meno estremisti nel loro pensiero. Un modo per farlo è semplicemente descrivere come un'emozione incontrollata produce pensieri semplicistici ed estremi che soffocano le sfumature più sottili della percezione. Kevin, nella sua terza seduta, mi ha detto che aveva iniziato a vedere il suo pensiero tutto o niente "dall'esterno" e sentiva di avere più controllo su di esso.

Era stato tradito prima, quindi gli ho parlato di fatalismo e globalismo. Gli ho fatto elencare tutti i modi in cui il suo attuale partner è diverso da quello che era infedele prima. Abbiamo anche parlato di come avrebbe potuto farcela con successo se "il peggio" fosse accaduto.

Così spesso l'assolutismo fa sì che le persone sentano che "tutto andrebbe perduto" se ciò che temono si realizzasse, senza mai veramente esaminare quell'idea. Kevin iniziò a sentirsi più sicuro di sé. Ovviamente sarebbe sopravvissuto, anche se potrebbe essere difficile. Man mano che migliorava nel rilassarsi, scoprì che la sua mente poteva mantenere una maggiore flessibilità e l'assolutismo cominciò a svanire.

Possiamo anche considerare un tipo di ragionamento comune a chi soffre di gelosia.

Tecnica CBT due: individua e sfida il ragionamento basato sull'immaginazione

Inventare e credere che sia comune all'umanità. È il rovescio della medaglia del meraviglioso strumento cognitivo che dobbiamo inventare e creare. L'immaginazione fa una grande impressione della realtà, motivo per cui quando sogniamo di notte, può sembrare totalmente reale.

Ho parlato scherzosamente con Kevin di un ipotetico caso giudiziario in cui la giuria è stata incoraggiata a immaginare ogni genere di cose sull'imputato e quindi a usarlo come prova (attenzione, sono sicuro che sia successo!). Ma il punto era che le cose inventate non erano la prova di nulla, non importa quanto reale sembrasse nella mente.

Abbiamo parlato gentilmente di ragionamento basato sull'immaginazione e Kevin è diventato abile nell'essere in grado di individuarlo dentro di sé, oltre a imparare a sospendere il funzionamento della sua immaginazione a volte. Sfortunatamente, la gelosia è raramente contenuta nella mente e spesso ha conseguenze nel mondo reale.

Terza tecnica CBT: aiutarli a seguire una dieta di monitoraggio

La gelosia non riguarda solo sentimenti e pensieri, ovviamente, ma anche comportamenti , alcuni dei quali possono essere estremamente distruttivi per le relazioni. Aiutando i nostri clienti a guardare a ciò che la gelosia li ha indotti a fare, a sentire e a pensare che possiamo iniziare a costruire un piano con loro per ridurre gradualmente il tipo di comportamento che potrebbe aver danneggiato la loro relazione.

Ho chiesto a Kevin di considerare di "lasciare" che il suo partner vedesse i suoi amici almeno una volta alla settimana e, mentre lei era fuori, di non contattarla in alcun modo. Ha detto che sentiva di poterlo fare. Abbiamo escogitato un piano per quello che poteva fare invece, che a volte includeva l'incontro con un suo amico, e abbiamo provato mentalmente mentre era calmo e rilassato.

Abbiamo anche lavorato sul modo in cui comunicava con il suo partner. Iniziò a chiedere meno su quello che aveva fatto e imparò a rilassarsi non sapendo dove fosse a volte o dove fosse stata. Non c'erano mai state prove che il suo partner gli fosse stato fedele al 100% e una parte di Kevin lo sapeva.

A poco a poco Kevin iniziò a sentirsi meglio su chi era come persona e fiducioso di essere abbastanza forte da sopravvivere anche se avesse avuto bisogno di stare da solo per un po 'in un momento futuro. Sicuramente non sarebbe la fine del mondo.

Sì, abbiamo lavorato su ricordi precedenti della sua adolescenza che lo avevano condizionato ad essere appiccicoso nelle relazioni, ma Kevin ha scoperto che essere in grado di individuare gli stili di pensiero e resistere ai suoi comportamenti tirannici ha davvero aiutato lui e la donna che amava così tanto .

Alla fine Kevin sentiva di aver imparato strategie che lo avrebbero sempre aiutato. La sua relazione è diventata più forte, era sicuramente più felice, e immagino che lo fosse anche il suo partner.

"Grazie per avermi insegnato a dubitare di me stesso", mi ha detto scherzosamente nella nostra ultima seduta.

Sapevo esattamente cosa intendeva. A volte il primo passo verso una sana autostima e fiducia è iniziare a dubitare delle bugie e delle grossolane distorsioni della mente emotivamente condizionata.

Terapia cognitiva basata sulla consapevolezza (MBCT)

Cos'è MBCT?

La terapia cognitiva basata sulla consapevolezza (MBCT) è un tipo di psicoterapia che comprende una combinazione di terapia cognitiva, meditazione e la coltivazione di un atteggiamento orientato al presente e non giudicante chiamato "consapevolezza".

MBCT è stato sviluppato dai terapisti Zindel Segal, Mark Williams e John Teasdale, che hanno cercato di basarsi sulla terapia cognitiva. Hanno ritenuto che integrando la terapia cognitiva con un programma sviluppato nel 1979 da Jon Kabat-Zinn chiamato riduzione dello stress basata sulla consapevolezza (MBSR), la terapia potrebbe essere più efficace.

MBCT contro terapia cognitiva

Un presupposto principale della terapia cognitiva è che i pensieri precedono gli stati d'animo e che le false credenze su se stessi conducano a emozioni negative come la depressione. L'obiettivo della terapia cognitiva è aiutarti a riconoscere e rivalutare i tuoi schemi di pensieri negativi e sostituirli con pensieri positivi che riflettono più da vicino la realtà.

La terapia cognitiva basata sulla consapevolezza si basa sui principi della terapia cognitiva utilizzando tecniche come la meditazione della consapevolezza per insegnare alle persone a prestare consapevolmente attenzione ai loro pensieri e sentimenti senza dare alcun giudizio su di loro.

Questo approccio aiuta le persone a rivedere i propri pensieri senza farsi prendere da ciò che avrebbe potuto essere o potrebbe accadere in futuro. L'MBCT incoraggia la chiarezza di pensiero e ti fornisce gli strumenti necessari per lasciar andare più facilmente i pensieri negativi invece di lasciare che alimentino la tua depressione.

Proprio come con la terapia cognitiva, MBCT opera sulla teoria che se hai una storia di depressione e ti senti angosciato, è probabile che tu ritorni a quei processi cognitivi automatici che hanno innescato un episodio depressivo in passato.

La combinazione di consapevolezza e terapia cognitiva è ciò che rende l'MBCT così efficace. La consapevolezza ti aiuta a osservare e identificare i tuoi sentimenti mentre la terapia cognitiva ti insegna a interrompere i processi di pensiero automatici e ad elaborare i sentimenti in modo sano.

Il programma MBCT è un intervento di gruppo che dura otto settimane. Durante queste otto settimane, c'è un corso settimanale, che dura due ore, e una lezione di un giorno dopo la quinta settimana. Durante questo periodo, ai partecipanti potrebbe essere insegnata la cosiddetta "tecnica dello spazio di respirazione di tre minuti", che si concentra su tre passaggi, ciascuno della durata di un minuto:

Osservare la propria esperienza (come stai adesso?)

Concentrarsi sul respiro

Curare il corpo e le sensazioni fisiche

Altre tecniche MBCT includono l'esercizio di scansione del corpo, yoga, meditazioni camminando e seduti, seduto con i pensieri, seduto con i suoni e lo stretching della consapevolezza.

Gran parte della pratica, tuttavia, viene svolta al di fuori della classe. Ai partecipanti viene chiesto di fare i compiti, che includono l'ascolto di meditazioni guidate registrate e il tentativo di coltivare la consapevolezza nella loro vita quotidiana. Ciò può significare portare consapevolezza nelle attività quotidiane, come lavarsi i denti, fare la doccia, lavare i piatti, fare esercizio o rifare il letto, applicando abilità MBCT come:

- Fare ciò che funziona piuttosto che indovinare te stesso
- Concentrarsi sul momento senza distrarsi da altre idee o eventi
- Partecipare senza essere coscienti di sé
- Prestare molta attenzione a ciò che accade intorno a te
- Assumere una posizione non giudicante

Sebbene gran parte del duro lavoro dell'MBCT sia auto-diretto, i sostenitori sottolineano che le classi stesse sono importanti per l'efficacia del programma. Tuttavia, non esiste necessariamente una rete consolidata di insegnanti in tutto il mondo o una singola directory in cui è possibile trovare un programma vicino a casa.

Essendo una delle dimensioni chiave del benessere, praticare la consapevolezza nella vita di tutti i giorni può portare molti benefici per la salute.

Alcuni studi dimostrano addirittura che la pratica regolare della Mindfulness può aiutare a ridurre lo stress e l'ansia nella tua vita.

Un ottimo modo per arrivare davvero al cuore della tua materia grigia è praticare una combinazione di meditazione consapevole con la terapia cognitiva comportamentale (CBT), altrimenti nota come terapia cognitiva basata sulla consapevolezza (MBCT).

L'MBCT è una forma di aiuto relativamente nuova che combina la filosofia e la pratica orientale (Mindfulness) con la filosofia e la pratica occidentale (Terapia cognitiva comportamentale). È progettato per aiutare le persone ad affrontare molteplici problemi come la depressione e l'ansia e può essere utilizzato per trattare i sintomi e per prevenire la ricomparsa dei problemi

Medita su questo!

Un recente studio su individui stressati che hanno praticato la consapevolezza per 8 settimane ha riscontrato una diminuzione delle dimensioni della loro amigdala, la parte del cervello responsabile della paura e dei numerosi cambiamenti che provoca nel corpo. Uno stress eccessivo può causare sentimenti di paura e preoccupazione e l'amigdala risponde diventando "calda" e iperattiva. Lo studio ha mostrato che la meditazione sembrava "raffreddare" questa parte importante del cervello.

Non possiamo sottolineare abbastanza questi fatti!

In generale, la meditazione e la consapevolezza ti aiuteranno a sviluppare e mantenere uno stato d'animo più positivo riducendo la tua reazione emotiva a eventi stressanti.

Un momento consapevole con uvetta (un'esperienza alimentare consapevole):

Mangia lentamente un'uva passa e usa tutti i tuoi sensi, uno dopo l'altro, per osservare l'uva passa in grande dettaglio, dal modo in cui si sente nella tua mano al modo in cui il suo sapore esplode in bocca. Questo esercizio ci ricorda che mangiare un solo uvetta può essere un'esperienza davvero consapevole e ci offre uno sguardo su quanto spesso viviamo in una foschia senza cervello. Non ti piace l'uvetta? Non preoccuparti: puoi provare questo esercizio di consapevolezza con cibi diversi come un pezzo di cioccolato o un'uva. Una volta terminato, assicurati di congratularti con te stesso per aver completato un esercizio di consapevolezza!

Ora proviamo un esercizio cognitivo (di pensiero)

A volte i pensieri automatici che abbiamo sono imprecisi e ci causano angoscia. Prenditi un momento e leggi la descrizione qui sotto. Mentre lo fai, immagina di essere nello scenario.

Camminare per strada esercizio cognitivo:

- Stai camminando per strada
- Dall'altro lato della strada vedi qualcuno che conosci
- Mentre ti sorpassano per strada, sorridi e saluti
- La persona non risponde al saluto e continua a camminare
- Mentre facevi questo esercizio, quali pensieri hai avuto?
- Mentre facevi questo esercizio, quali sentimenti hai provato?
- Durante questo esercizio, quali sensazioni corporee hai provato?

Mentre rifletti sulle tue risposte di cui sopra, se hai avuto pensieri, sentimenti o sensazioni corporee negativi, ti preghiamo di considerare questo: è possibile che tu abbia interpretato male la situazione?

Facciamo insieme un esercizio cognitivo (di pensiero) - E se la persona non ti avesse visto salutarla con la mano o non ti avesse riconosciuto? Oppure, se fossero preoccupati e non consapevoli di ciò che li circonda? Capisci ora come pensieri, sentimenti e sensazioni corporee automatici potrebbero non essere "accurati"? Usando i nostri pensieri cognitivi, possiamo sfidare queste percezioni negative.

Comprendendo come reagisci e interpreti questo scenario, avrai sperimentato un esercizio cognitivo. Congratulazioni!

CBT istantanea: il modo più semplice per sfidare i pensieri negativi

Alcune brevi frasi possono aiutare le persone a disconfermare convinzioni o paure irrazionali.

Molto è stato scritto sulle distorsioni cognitive - quei modelli di pensiero fissi e imprecisi che possono causare tanta infelicità. Una rapida ricerca su Google mostra dozzine di articoli che elencano un numero qualsiasi di distorsioni, da un minimo di cinque a un massimo di 50. La catastrofizzazione, il pensiero in bianco e nero e l'eccessiva generalizzazione sono tra le più citate. Ma come ti dirà qualsiasi studente di CBT, è difficile fare un elenco esaustivo di distorsioni cognitive, perché tendono a sovrapporsi. Dopotutto, catastrofizzare non è davvero solo un'altra forma di saltare alle conclusioni, e entrambe queste distorsioni non riflettono un ingrandimento inutile?

Proviamo un esempio, per vedere cosa si adatta. Immagina un adolescente timido e ansioso che è a disagio con le altre persone e pensa tra sé: "

Se vado al ballo del liceo, la gente riderà di me e sarò umiliato, e poi avrò paura di mostrare la mia faccia di nuovo a scuola. "

Sta, in effetti, pensando con le sue emozioni: è ansioso per l'interazione sociale e questa ansia lo porta a credere che le persone rideranno di lui (ragionamento emotivo). A sua volta, conclude che questa risata lo lascerà completamente umiliato (catastrofico, salto alle conclusioni, ingrandimento). Anche le sue paure per la danza sono nere e bianche, e sta filtrando tutti i risultati positivi, in quanto anticipa che l'esperienza sarà "completamente negativa" senza alcun potenziale per qualcosa di buono. Ma dato che tutti questi pensieri probabilmente imprecisi e conclusioni mal supportate derivano dai suoi sentimenti di ansia, la distorsione dominante qui sembra essere il ragionamento emotivo. Forse, in verità, questa è davvero la distorsione cognitiva più significativa: il modo in cui le persone traggono false conclusioni dai sentimenti, piuttosto che dai fatti.

Con tutto questo rumore cognitivo derivante dalle proprie emozioni, cosa si può fare per risolverle e cercare la razionalità? Quando è così facile cadere in schemi di pensiero che sabotano le nostre buone intenzioni e minano la nostra fiducia, c'è davvero una semplice via d'uscita? Non proprio: non c'è niente di semplice nello sfidare il proprio processo di pensiero, ancora e ancora. Non è mai facile mettere in discussione un approccio di lunga data alla realtà (anche se quell'approccio è diventato profondamente controproducente). Ma in nome della semplicità, si potrebbe dire che una buona dose di terapia cognitivo-comportamentale può essere ridotta a due chiari passaggi mentali, due affermazioni che puoi fare a te stesso: "No, non lo è" e "Non lo fa. non importa. "

Rallentiamo per un momento. Il trattamento cognitivo-comportamentale consiste spesso nel guadagnare una distanza interna sufficiente dai propri processi mentali per sfidare i pensieri distorti dall'interno. Con la CBT, si può imparare a interporre un pensiero razionale e intenzionale tra un'emozione e una reazione impulsiva e controproducente. Nell'imparare a fare questo, si sviluppa l'abitudine di testare la validità dei propri pensieri o di sfidare il significato degli esiti negativi di cui si teme.

Torna alle scorciatoie. Prendi di nuovo il nostro timido amico adolescente, che ha rimuginato sul fatto di frequentare il ballo del liceo (cioè, se le scuole superiori hanno ancora dei balli, di cui improvvisamente non sono sicuro). Se riesce a fare un passo indietro dalle sue preoccupazioni, potrebbe essere in grado di sfidare le sue convinzioni irrazionali con affermazioni chiare e veritiere che riflettono prove reali. Tutti al ballo rideranno davvero di lui? Questa aspettativa è accurata? " No , non lo è", potrebbe pensare a se stesso, sfidando quella conclusione. "Quando vado a un evento scolastico, anche se sono stato a disagio, nessuno ha mai riso di me ... e in effetti, di solito non sono al centro dell'attenzione come immaginavo . " Se questo adolescente è premuroso nel testare il valore di verità della sua convinzione irrazionale e ci sono molti fogli di lavoro online che possono aiutarlo a dire "No, non lo è", probabilmente può generare alcune affermazioni basate sulla verità per disconfermarlo .

In alternativa, forse questo studente farebbe meglio a sfidare la validità delle sue paure, invece della probabilità di essere deriso. Forse riconosce che probabilmente non verrà deriso, ad alta voce, ma crede comunque che andare al ballo lo farebbe sentire evidente e vergognarsi di se stesso. Potrebbe essere in grado di sfidare queste aspettative di umiliazione dicendo a se stesso: "Non importa", presentando valutazioni vere e accurate della probabilità che la danza porti a sentimenti di vergogna quotidiani e costanti. Potrebbe dire a se stesso che i balli scolastici lo hanno sempre fatto sentire impacciato e che di solito non si diverte lì, ma che questo non gli ha davvero impedito di fare buoni amici o di divertirsi in altri contesti. Potrebbe ricordare a se stesso che ha avuto esperienze sociali imbarazzanti in passato, ma che in qualche modo continua ad andare a scuola, il che non è ancora diventato una fonte di vergogna cronica. Potrebbe anche ricordare a se stesso che il liceo non è per sempre, che in pochi mesi sarà in grado di passare al college, dove l'ambiente sociale sarà diverso. Con ampie e razionali sicurezze di sé come queste, questo adolescente potrebbe essere in grado di sfidare l'idea che l'imbarazzo che potrebbe provare sarà vicino a quanto si aspetta, o avrà qualsiasi tipo di conseguenze durature. Ricordare a se stesso che non ha importanza può aiutare il nostro adolescente a riconoscere che a volte si verificano esperienze imbarazzanti o spiacevoli, ma raramente sono consequenziali come temiamo.

Alla fine, siamo tutti soggetti a distorsioni cognitive, probabilmente su base quotidiana. Il nostro cervello è progettato per valutare gli input guidati dalle emozioni tanto quanto la logica chiara e fredda. Trovare i mezzi per sfidare i propri pensieri, ogni tanto, è un esercizio prezioso per quasi tutti, anche se la CBT non è la tua modalità terapeutica preferita. Dire a te stesso con giudizio che le tue convinzioni non sono razionali (con "No, non lo è") o che non porteranno ai risultati che temi ("Non importa") può funzionare come un passo chiaro e diretto verso ritrovare la tua tranquillità.

Ristrutturazione cognitiva - Riduzione dello stress cambiando il tuo modo di pensare

Trasforma il negativo in positivo.

Michael ha appena consegnato un rapporto al suo capo, Jan. Lei lo legge, lo ringrazia per il suo lavoro e fa una serie di piccole critiche.

Sfortunatamente, uno di questi commenti "tocca un nervo scoperto" con Michael, e lui torna nel suo ufficio arrabbiato e sconvolto.

Michael sa che ha bisogno di superare questo, in modo che il suo umore negativo non influenzi gli altri. Prende alcuni respiri profondi e scrive perché si è sentito attaccato da Jan. Quindi ricorda che la qualità complessiva del suo lavoro l'ha colpita e che vuole che lui migliori e cresca. Gli è piaciuto anche lavorare al progetto e, in fondo, sa di aver fatto un buon lavoro. Dopo aver impiegato alcuni minuti per riformulare la situazione, Michael non si sente più arrabbiato. Chiama Jan per scusarsi per il suo comportamento e poi usa i suoi suggerimenti per migliorare il suo rapporto.

In questa situazione, Michael ha utilizzato la ristrutturazione cognitiva per superare il pensiero negativo e reattivo. In questo capitolo vedremo come utilizzare la ristrutturazione cognitiva.

Cos'è la ristrutturazione cognitiva?

La ristrutturazione cognitiva è una tecnica utile per comprendere sentimenti e stati d'animo infelici e per sfidare le "convinzioni automatiche" a volte sbagliate che possono esserci dietro. In quanto tale, puoi usarlo per riformulare il pensiero negativo non necessario che tutti noi sperimentiamo di volta in volta.

I cattivi umori sono spiacevoli, possono ridurre la qualità delle tue prestazioni e minare le tue relazioni con gli altri. La ristrutturazione cognitiva ti aiuta a cambiare il pensiero negativo o distorto che spesso si trova dietro questi stati d'animo. In quanto tale, ti aiuta ad affrontare le situazioni in uno stato d'animo più positivo.

La ristrutturazione cognitiva è stata sviluppata dallo psicologo Albert Ellis a metà degli anni '50, sulla base del lavoro precedente di altri, ed è una componente fondamentale della terapia cognitiva comportamentale (CBT). Puoi utilizzare la CBT per controllare e modificare i pensieri negativi, che a volte sono collegati a comportamenti dannosi.

Applicazioni

La ristrutturazione cognitiva è stata utilizzata con successo per trattare un'ampia varietà di condizioni, tra cui depressione, disturbo post-traumatico da stress (PTSD), dipendenze, ansia, fobie sociali, problemi di relazione e stress.

Ad esempio, uno studio del 2007 ha scoperto che la ristrutturazione cognitiva ha aiutato i partecipanti che hanno sperimentato un forte dolore, mentre uno studio del 2003 ha scoperto che riduce i sintomi e gli effetti del disturbo da stress post-traumatico.

Questi usi esulano dallo scopo di questo capitolo e dovresti consultare un medico qualificato se riscontri problemi come questi. Tuttavia, puoi usare tu stesso la tecnica per riformulare pensieri negativi meno seri e quotidiani.

Ad esempio, puoi usarlo per superare i pensieri negativi prima di parlare in pubblico o per migliorare il tuo umore quando hai una brutta giornata. Puoi anche usarlo per pensare positivamente prima di passare a una revisione delle prestazioni o a un colloquio di lavoro o prima di impegnarti in una conversazione difficile. È anche utile per superare la paura del fallimento e la paura del successo e per sconfiggere l'auto-sabotaggio.

Come utilizzare la ristrutturazione cognitiva

Seguire i passaggi seguenti per utilizzare la tecnica di ristrutturazione cognitiva.

Questa struttura si basa sul record di pensiero a 7 colonne di Christine A. Padesky , dal libro "Mind Over Mood", che vale la pena leggere per una più profonda comprensione di questa tecnica.

Passaggio 1: calmati

Se sei ancora turbato o stressato dai pensieri che vuoi esplorare, potresti trovare difficile concentrarti sull'uso dello strumento. Usa la meditazione o la respirazione profonda per calmarti se ti senti particolarmente stressato o turbato.

Passaggio 2: identificare la situazione

Inizia descrivendo la situazione che ha innescato il tuo umore negativo.

Passaggio 3: analizza il tuo umore

Quindi, scrivi l'umore, o gli stati d'animo, che hai provato durante la situazione.

Qui, gli stati d'animo sono i sentimenti fondamentali che abbiamo, ma non sono pensieri sulla situazione. I dottori Greenberger e Padesky suggeriscono un modo semplice per distinguere gli stati d'animo dai pensieri: di solito puoi descrivere gli stati d'animo in una parola, mentre i pensieri sono più complessi.

Ad esempio, "Ha cestinato il mio suggerimento davanti ai miei colleghi" sarebbe un pensiero, mentre gli stati d'animo associati potrebbero essere umiliazione, frustrazione, rabbia o insicurezza.

Passaggio 4: identificare i pensieri automatici

Ora, scrivi le reazioni naturali, o "pensieri automatici", che hai sperimentato quando hai sentito l'umore. Nell'esempio sopra, i tuoi pensieri potrebbero essere:

"Forse le mie capacità di analisi non sono abbastanza buone."

"Ho mancato di considerare queste cose?"

"Non gli sono piaciuto da quando ..."

"È così scortese e arrogante!"

"Non piaccio a nessuno."

"Ma la mia argomentazione è valida."

"Questo mina il mio futuro con questa azienda".

In questo esempio, i pensieri più angoscianti (i "pensieri caldi") sono probabilmente "Forse le mie capacità di analisi non sono abbastanza buone" e "Non piaccio a nessuno".

Passaggio 5: trova prove oggettive di supporto

Identifica le prove che supportano oggettivamente i tuoi pensieri automatici. Nel nostro esempio, potresti scrivere quanto segue:

"L'incontro è andato avanti e le decisioni sono state prese, ma il mio suggerimento è stato ignorato".

"Ha identificato un difetto in uno dei miei argomenti".

Il tuo obiettivo è guardare in modo obiettivo a quello che è successo e poi scrivere eventi o commenti specifici che hanno portato ai tuoi pensieri automatici.

Passaggio 6: trova prove oggettive contraddittorie

Quindi, identifica e scrivi le prove che contraddicono il pensiero automatico. Nel nostro esempio, questo potrebbe essere:

"Il difetto era minore e non ha alterato le conclusioni".

"L'analisi era oggettivamente valida e il mio suggerimento era realistico e fondato".

"Ero il migliore della mia classe quando mi sono allenato nel metodo di analisi".

"I miei clienti rispettano la mia analisi e la mia opinione."

Come puoi vedere, queste affermazioni sono più giuste e più razionali dei pensieri reattivi.

Passaggio 7: identificare pensieri equi ed equilibrati

A questo punto, hai esaminato entrambi i lati della situazione. Ora dovresti avere le informazioni necessarie per avere una visione equa ed equilibrata di ciò che è accaduto.

Se ti senti ancora insicuro, discuti la situazione con altre persone o prova la domanda in qualche altro modo.

Quando arrivi a una visione equilibrata, scrivi questi pensieri. I pensieri equilibrati in questo esempio potrebbero ora includere:

"Sono bravo in questo tipo di analisi. Altre persone rispettano le mie capacità".

"La mia analisi era ragionevole, ma non perfetta."

"Si è verificato un errore, ma non ha influito sulla validità delle conclusioni".

"Il modo in cui ha gestito la situazione non era appropriato."

"La gente è rimasta sorpresa e un po 'scioccata dal modo in cui ha gestito il mio suggerimento". (Questo commento avrebbe seguito una conversazione informale con altre persone durante la riunione.)

Passaggio 8: monitora il tuo stato d'animo attuale

Ora dovresti avere una visione più chiara della situazione e probabilmente scoprirai che il tuo umore è migliorato. Scrivi come ti senti.

Quindi, rifletti su cosa potresti fare per risolvere la situazione. (Adottando una visione equilibrata, la situazione potrebbe cessare di essere importante e potresti decidere di non dover agire.)

Infine, crea alcune affermazioni positive che puoi usare per contrastare pensieri automatici simili in futuro.

Avvertimento:

Il pensiero negativo può causare gravi problemi di salute e, in casi estremi, la morte. Sebbene la ristrutturazione cognitiva abbia dimostrato di avere un effetto positivo sulla riduzione del pensiero negativo occasionale, è solo una guida e i lettori dovrebbero prendere il consiglio di professionisti sanitari adeguatamente qualificati se hanno dubbi su malattie correlate o se pensieri negativi stanno causando significative o infelicità persistente. Anche gli operatori sanitari dovrebbero essere consultati prima di qualsiasi cambiamento importante nella dieta o nei livelli di esercizio.

Punti chiave

La ristrutturazione cognitiva è utile per capire cosa c'è dietro gli stati d'animo negativi. Questi possono minare le nostre prestazioni o danneggiare i nostri rapporti con altre persone.

Per utilizzare la ristrutturazione cognitiva, segui il seguente processo:

Calmati.

Annota la situazione che ha scatenato i pensieri negativi.

Identifica gli stati d'animo che hai provato nella situazione.

Annota i pensieri automatici che hai provato quando hai sentito l'umore. I più significativi di questi sono i tuoi "pensieri caldi".

Identifica le prove che supportano questi pensieri caldi.

Identifica le prove che contraddicono i pensieri scottanti.

Ora, individua pensieri equi ed equilibrati sulla situazione.

Infine, osserva il tuo stato d'animo ora e decidi i tuoi prossimi passi.

Esegui questo processo quando provi uno stato d'animo negativo o quando provi paura, apprensione o ansia per una persona o un evento.

*Di se*guito vi elencherò degli esercizi di terapia cognitiva basato sulla CONSAPEVOLEZZA, che sicuramente vale la pena di conoscergli e metterli in pratica:

Gli esercizi di terapia cognitivo comportamentale mirano a fermare pensieri e convinzioni dannose. Di solito (e preferibilmente) coinvolgono un terapista professionista. Ma puoi farli anche a casa.

Inserimento nel diario

Uno degli esercizi CBT più semplici è scrivere un diario di stati d'animo e pensieri. Quando lo facciamo, cerchiamo schemi nei nostri sentimenti e pensieri. Una volta che notiamo una tendenza, possiamo prendere provvedimenti per cambiarla. Questo ti aiuterà ad allenarti a superare i tuoi pensieri negativi.

Sfida i pensieri

Uno dei principali vantaggi degli esercizi di terapia cognitivo-comportamentale è che possono modificare i pensieri negativi e indesiderati. La terapia tende a concentrarsi su pensieri automatici (pensieri che si verificano senza intenzione) e pensieri ripetitivi. Quando troviamo questi pensieri, li sfidiamo. Il povero ragazzo che pensa di essere stupido solo perché non sta ottenendo la A giusta, per esempio, può vedere la contro argomentazione, trovare modi in cui è intelligente e iniziare a cancellare quei pensieri negativi.

Modifica del comportamento

Questo è uno dei migliori esercizi di CBT per l'ansia, anche se ci vuole un po 'di coraggio per iniziare. Per questo esercizio, ci esponiamo intenzionalmente a situazioni in cui rispondiamo in modo negativo o ripetitivo. Quindi ricreammo intenzionalmente l'evento e cerchiamo di agire in modo diverso.

Esposizione introspettiva

Per questo esercizio, ricreammo intenzionalmente sensazioni corporee a cui di solito rispondiamo male. Quindi reagiamo deliberatamente in modi nuovi, diversi e più sani. Questo allena la mente a smettere di reagire alla sensazione fisica con panico e ansia.

Per ansia

Il più delle volte, quando proviamo paura, tentiamo di fermare i nostri pensieri. Ad esempio, se temiamo il dentista, nel momento in cui pensiamo al dentista, forziamo il pensiero da parte. In questo esercizio cognitivo comportamentale, permettiamo alla paura di continuare fino alla fine. Ci vediamo andare dal dentista, portare a termine quel lavoro doloroso e poi andare avanti con la vita. Questo ci allena a renderci conto che anche se accade il peggio, la vita andrà avanti a prescindere.

Esperimento

Questo è un eccellente esercizio di CBT per il pensiero negativo. È un modo per testare come pensieri e credenze differenti conducano ad azioni differenti. Ad esempio, se crediamo che essere duri con noi stessi ci faccia lavorare di più, sperimentiamo il contrario. Cerchiamo di essere gentili con noi stessi e vediamo se crea un risultato migliore. Questa è un'opportunità per cambiare il nostro comportamento e vedere i risultati.

Cambia la tua prospettiva

Questa è una tecnica CBT di base che ci fa pensare in modi diversi. Ad esempio, torniamo al nostro sfortunato bambino a scuola che è vittima di bullismo a scuola e bocciato agli esami. Comincia a pensare di essere un fallito. Cosa può fare? Può scrivere tutte le prove che è un fallito. E poi può scrivere tutte le prove che è un successo. Questo dà a nostro figlio una prospettiva migliore. Ora è consapevole dei suoi difetti, ma è anche consapevole dei suoi punti di forza.

Per battere i pensieri negativi

Gli scienziati hanno dimostrato che la positività ti rende più sano [Johns Hopkins, Lisa R. Yanek, MPH]. Ma come puoi allenare la tua mente a pensare in modo più positivo? Puoi usare esercizi CBT positivi.

Per eseguire questa tecnica CBT positiva:

- ✓ programmare intenzionalmente eventi positivi in futuro da attendere con impazienza.
- ✓ guarda gli aspetti positivi del passato.

✓ cerca gli aspetti positivi nel momento presente, concentrandoti su tutte le cose belle che stanno accadendo in questo momento.

Probabilmente dovremmo fare tutte e tre queste cose perché sono modi semplici per iniziare a pensare in modo positivo.

Esposizione alla paura

Questo esercizio di terapia cognitiva comportamentale può aiutarci a superare le paure.

✓ scrivi un elenco di preoccupazioni e paure.
✓ elenca quegli eventi dal migliore al peggiore.
✓ passare attraverso ogni evento, iniziando dal più facile e lavorando verso il più difficile. E affronta quelle paure.

Questo costruisce la nostra tolleranza per le esperienze spiacevoli e allena la mente a superare la paura. È un esercizio potente.

Trasformare il negativo in positivo

Per questo esercizio CBT, scriviamo semplicemente una versione positiva di ogni pensiero negativo. "Sono brutto", pensiamo, quindi scriviamo "Sono bello".

Oh, me ne ero dimenticato ...

In questa tecnica, ricordiamo semplicemente tutte le cose positive che sono successe nel giorno passato.

Lo odio, ma lo adoro

Questo è l'ultimo in questo elenco iniziale di attività CBT. Si tratta di trasformare i negativi in positivi.

Quando pensiamo a una situazione negativa, o quando ci troviamo effettivamente in una situazione negativa, troviamo immediatamente le cose sulla situazione che ci piacciono.

Questo allena la mente a smettere di soffermarsi sul negativo e invece a vedere gli aspetti positivi.

Conclusione

15 tecniche di base della CBT che puoi usare in questo momento

I miei approcci preferiti dalla terapia cognitivo comportamentale

Quando si tratta di terapia cognitivo comportamentale (CBT), ci sono molte, molte tecniche, strategie e interventi a tua disposizione. Alcune di queste tecniche sono utilizzate al meglio in un contesto terapeuta-cliente, mentre altre si prestano abbastanza bene a situazioni individuali o di "auto-aiuto".

Le tecniche possono essere utilizzate anche in tandem o individualmente. Dipende dall'ambiente, dalla circostanza o dal problema e dall'individuo che cerca aiuto. Questa è la cosa bella delle tecniche CBT: non esiste un "cookie cutter", un modo valido per tutti per usarle.

Ciò che le tecniche e le strategie di cui parlerò qui hanno tutte in comune è che sono costruite sulle basi della CBT, identificando il pensiero disadattivo e apportando intenzionalmente cambiamenti comportamentali specifici e strategici per ottenere il risultato desiderato. Alcune sono tecniche CBT generali, mentre altre sono più mirate a problemi o esigenze specifiche.

Cominciamo con le basi che costituiscono le fondamenta della CBT.

Gli esperimenti comportamentali sono la pietra angolare della CBT. Questi esperimenti sono progettati per testare il pensiero e identificare i modelli di pensiero che influenzano il comportamento .

"Sperimentando" intenzionalmente modi di pensare specifici e osservando i comportamenti che ne derivano, i clienti acquisiscono una consapevolezza più profonda dei modelli di pensiero che potrebbero impedirgli di raggiungere i propri obiettivi.

Le registrazioni dei pensieri

Le registrazioni dei pensieri sono progettate anche per testare la validità dei nostri pensieri. In realtà la registrazione dei nostri pensieri ci fornisce un modo per valutare le prove a favore o contro un particolare modo di pensare - essenzialmente, è vero o non vero in base alla situazione? I record di pensiero aiutano il cliente a stabilire un modo di pensare più equilibrato basato sulla logica, ciò che è in contrasto con ciò che sente.

Attivazione del comportamento (ovvero pianificazione di attività piacevoli)

Questa strategia è allo stesso tempo così semplice e allo stesso tempo così potente. Le attività piacevoli sono tra le prime ad andare quando le persone devono affrontare le avversità. Partecipare intenzionalmente ad attività piacevoli aiuta a ridurre il pensiero negativo e promuove emozioni e sensazioni di benessere più positive. Questa tecnica è particolarmente utile per i clienti con depressione

Esposizione

L'esposizione è una tecnica potente utilizzata per aiutare i clienti ad affrontare le loro paure o fobie in modo controllato. Fondamentalmente, stai chiedendo al cliente di essere esposto proprio a ciò che teme. Ovviamente sarà spaventoso per loro.

Se usata correttamente, l'esposizione ha dimostrato di essere efficace nella riduzione delle paure e delle fobie. Le tecniche di esposizione sono utilizzate al meglio come parte di un intervento terapeutico con un terapista ben addestrato al loro utilizzo.

Gerarchie di esposizione della situazione

In questa tecnica, il terapeuta aiuta il cliente a fare un elenco di oggetti o situazioni temute. Il cliente quindi valuta, su una scala da 0 a 10, quanto sarebbe afflitto da ciascun elemento. Ad esempio, una persona che teme i cani potrebbe dire "Non vedere un cane in cortile" è 0. "Un cane che mi lecca la mano" potrebbe essere il suo 10.

Partendo dalla meno angosciante, il terapeuta aiuta il cliente a lavorare su ogni situazione nell'elenco. Questo è un modo per aumentare gradualmente l'esposizione e diminuire il disagio dovuto all'esposizione.

Allagamento

Anche l'allagamento utilizza gerarchie di esposizione, ma generalmente inizia con gli scenari o gli oggetti più difficili o angoscianti. Si deve usare cautela quando si sceglie questa tecnica, in quanto può suscitare forti risposte. Questa tecnica è utilizzata al meglio come parte di un intervento terapeutico.

Desensibilizzazione sistematica

Questa tecnica prevede di combinare l'esposizione con esercizi di rilassamento. Al cliente vengono insegnate strategie per rimanere rilassato in situazioni che normalmente susciterebbero paura. A poco a poco, iniziano ad associare il loro oggetto o situazione temuta con il rilassamento piuttosto che con potenti sentimenti negativi.

Scrivere sul diario

L'inserimento nel diario è un ottimo modo per raccogliere informazioni su pensieri e sentimenti. Il diario può essere utilizzato come luogo per identificare, descrivere e valutare stati d'animo, pensieri, scenari e risposte. Avere un posto dove "disfare i bagagli" ed esplorare può portare a una visione straordinaria.

Ristrutturazione cognitiva: svelare le distorsioni cognitive

Le distorsioni cognitive sono modelli di pensiero errato che ci convincono che qualcosa è vero quando non lo è. Esistono diversi tipi di distorsioni cognitive. Per svelarli, il cliente deve imparare quali sono presenti per lui e come sfidare quei modi di pensare.

Esistono numerosi fogli di lavoro su Internet che possono essere utilizzati per aiutare un cliente a identificare e sfidare le proprie distorsioni nel pensiero. Ciò può essere ottenuto anche attraverso il dialogo terapeuta-cliente. L'obiettivo, ovviamente, è aiutare il cliente a imparare a farlo da solo

Ecco cinque "sfide di pensiero" degli strumenti CBT del Dipartimento di Psicologia per il Pensiero Negativo del NHS Fife. Puoi usarli per convincere il tuo cliente a dare un'occhiata più da vicino ai suoi schemi di pensiero negativi.

1. Quali sono le possibilità ...?

È molto improbabile che le cose di cui ti preoccupi accadano. Saresti disposto a scommettere che accadrà?

2. Qual è la cosa peggiore ...?

Le cose di cui ti preoccupi potrebbero accadere, ma ne stai facendo troppo. Considera se sarebbe davvero così brutto se accadesse il peggio e renditi conto che potrebbe non valere tutta quell'ansia.

3. Ho ragione a pensare che ...?

Potresti perdere informazioni importanti che ti aiuterebbero con le decisioni. Man mano che raccogli più informazioni, la tua preoccupazione e lo stress potrebbero diminuire.

4. La regola dei cinque anni ("il gioco della storia")

Questa sfida è stata applicata a molte situazioni all'interno e all'esterno della CBT per mettere in prospettiva gli eventi che sono accaduti o che accadranno. Chiediti: "Tra cinque anni, sarà davvero importante?"

5. Quanto vale?

Considera quanto sia importante questa cosa di cui ti preoccupi. La vita è troppo breve per essere spesa a preoccuparsi di cose che semplicemente non meritano quel tipo di investimento di tempo.

Valutazione funzionale (ABC)

Uno strumento di valutazione funzionale consente al cliente di registrare gli ABC (antecedenti, comportamenti , conseguenze) di una situazione. Questi dati consentono al terapeuta e al cliente di iniziare a identificare i modelli di comportamento. Esistono molti di questi moduli su Internet, ma è anche semplicissimo progettare il proprio.

Reframing

È facile cadere in schemi familiari di pensiero negativo. Un modo per contrastare il pensiero negativo è attraverso la riformulazione. Reframing è l'atto di sostituire i pensieri negativi con quelli positivi non appena si manifesta il pensiero negativo.

La riformulazione interrompe il ciclo negativo della perpetuazione e ripristina l'attenzione su qualcosa di positivo. Questa tecnica può essere utilizzata sia durante le sessioni che come parte dei compiti, utilizzando una registrazione del pensiero o uno strumento simile.

Compiti a casa

I compiti a casa sono una parte essenziale del processo CBT. I compiti a casa aiutano i clienti ad apprendere nuove abilità e ad integrare i concetti appresi durante le sessioni nella vita quotidiana, migliorando la compliance al trattamento e contribuendo alla riduzione dei sintomi.

Rilassamento e consapevolezza

Tre delle mie pratiche di rilassamento e consapevolezza preferite sono il rilassamento muscolare progressivo (PMR), la meditazione e la respirazione profonda. Ognuno è leggermente diverso nella sua implementazione e intento.

La PMR comporta la tensione e il rilascio sistematici di ciascun gruppo muscolare, combinati con la respirazione profonda e l'immaginazione mentale.

La meditazione consapevole implica liberare la mente e concentrarsi sulle sensazioni e sui pensieri del momento, osservandoli e lasciandoli passare.

La respirazione profonda è un'azione fisiologicamente incompatibile con l'ansia.

Le tecniche di rilassamento e consapevolezza offrono al cliente un modo nuovo e diverso di rispondere a situazioni angoscianti. Questo cambiamento di risposta può interrompere il ciclo di perpetuazione. Il rilassamento aiuta anche il cliente a calmare la mente in modo che possa pensare in modo più razionale e logico. I video di

YouTube, le registrazioni audio, le app e persino la musica rilassante possono essere tutte buone risorse qui.

La tecnica SOLVED

Questa tecnica viene utilizzata per insegnare al cliente le capacità di risoluzione dei problemi.3 Sebbene ci siano molte variazioni su questa tecnica (e molti altri nomi per essa), la risoluzione dei problemi strutturati è un'abilità fondamentale da apprendere per i clienti. L'acronimo SOLVED offre al cliente uno strumento tangibile e memorabile per lavorare attraverso le fasi di problem solving.

S - Seleziona un problema che il cliente vuole risolvere.

O - Apri la tua mente a tutte le soluzioni: fai un brainstorming su tutte le opzioni con il tuo cliente.

L - Elenca i potenziali pro e contro di ogni potenziale soluzione.

V - Verifica la soluzione migliore: decidi quali scelte sono pratiche o auspicabili.

E - Attua il piano.

D - Decidi se il piano ha funzionato.

Gioco di ruolo

Il gioco di ruolo ha un posto significativo nella CBT. Può essere utilizzato per aiutare i clienti a scoprire pensieri automatici, praticare nuove risposte o modificare le convinzioni fondamentali. Il gioco di ruolo è anche uno strumento utile per apprendere nuove abilità sociali come l'assertività

La tecnica della "torta"

Basata sul semplice grafico a torta, la tecnica della "torta" consente ai clienti di vedere i propri obiettivi e le proprie idee sotto forma di grafico. La tecnica della "torta" può aiutare con cose come stabilire obiettivi e determinare la responsabilità per i risultati

Chiedi semplicemente al cliente di inserire ogni idea o obiettivo in un grafico a torta, diviso in base all'importanza che ritiene opportuno. Questo processo può essere svolto come parte di un compito a casa o come parte del dialogo in corso terapeuta-cliente. Beck (2011) ha diverse illustrazioni ed esempi dell'uso di questa tecnica

Tecnica delle liste di credito

Questa è una tecnica semplice che può produrre risultati potenti. I clienti che vengono in terapia spesso non hanno fiducia nella loro capacità di cambiare e potrebbero non riconoscere immediatamente i passi positivi che stanno compiendo. La lista dei crediti è semplicemente una lista quotidiana che il cliente fa di cose positive per le quali merita credito.

Questa tecnica non solo aiuta il cliente a riconoscere i propri progressi, ma rafforza anche la sua capacità di identificare le credenze e le qualità positive sottostanti quando fanno lavorare le proprie convinzioni fondamentali in terapia.

Lasciare che la storia si svolga

Questa tecnica è una sorta di esperimento mentale. Il terapeuta chiede al cliente di immaginare il risultato del suo scenario peggiore, quindi lo incoraggia a lasciare che la scena si svolga fino alla sua conclusione. Lasciare che l'evento preoccupante si svolga consente al cliente di vedere che anche se la sua peggiore paura dovesse accadere, le cose possono passare e migliorare.

Quindi il gioco è fatto. Un intero set di strumenti che puoi aggiungere alla tua cassetta degli attrezzi CBT. Sebbene tu abbia probabilmente familiarità con molti di questi strumenti, alcuni potrebbero essere nuovi per te. Come sempre, assicurati di lavorare nell'ambito della tua pratica. Se non sei sicuro di alcune di queste tecniche, cerca una formazione aggiuntiva specifica nella CBT.

Aiutare a ridurre lo stress di un cliente e aumentare la motivazione all'esercizio

Questa è la quinta seduta di questa cliente e sebbene abbia perso molto peso e sia diventata più in forma e più sana, sente di aver raggiunto un plateau. Recentemente si è anche sentita particolarmente stressata a causa delle elevate esigenze di lavoro, di suo padre e della necessità di essere di supporto a sua figlia.

Sente che la sua dieta è abbastanza equilibrata, ma ha bisogno di muoversi di più. Adesso si sente bene con il ciclismo, ma sente di non aver fatto abbastanza.

Mark descrive i vantaggi di un esercizio breve ma molto intenso e lei concorda di poter iniziare con tre scatti di 30 secondi alla settimana con la sua cyclette.

Mark utilizza il piacere che la cliente ha ottenuto da una recente vacanza con sua figlia come base per un'induzione ipnotica e suggerisce che può sentirsi più motivata a salire a un nuovo livello - "trova un plateau migliore" e anche sentirsi meno stressata giorno dopo giorno.

CPSIA information can be obtained
at www.ICGtesting.com
Printed in the USA
BVHW080024190521
607637BV00004B/451